香山革命历史口述文辑

香山如磐 红色永续

香山革命纪念馆 编著

中共党史出版社

图书在版编目（CIP）数据

香山如磐　红色永续：香山革命历史口述文辑 / 香
山革命纪念馆编著 . -- 北京：中共党史出版社，
2024.3

ISBN 978-7-5098-6457-9

Ⅰ . ①香… Ⅱ . ①香… Ⅲ . ①香山—革命史 Ⅳ .
① K291

中国国家版本馆 CIP 数据核字（2023）第 227613 号

书　　名：香山如磐　红色永续——香山革命历史口述文辑
作　　者：香山革命纪念馆

出版发行：**中共党史出版社**
责任编辑：韩冬梅
责任校对：申宁
责任印制：段文超
社　　址：北京市海淀区芙蓉里南街 6 号院 1 号楼　　邮编：100080
网　　址：www.dscbs.com
经　　销：新华书店
印　　刷：北京盛通印刷股份有限公司
开　　本：710mm×1000mm　1/16
字　　数：226 千字
印　　张：16
版　　次：2024 年 3 月第 1 版
印　　次：2024 年 3 月第 1 次印刷
书　　号：ISBN 978-7-5098-6457-9
定　　价：68.00 元

此书如有印装质量问题，请联系中共党史出版社读者服务部 电话：010-83072535

编 委 会

代　序

人民成为新中国的主人 *
——香山时期中国共产党领导的协商建国
实践及其时代启示

中国共产党一经诞生，就把为中国人民谋幸福、为中华民族谋复兴确立为自己的初心使命，将人民当家作主作为矢志不渝的奋斗目标。在党领导中国革命艰苦奋斗的 28 年中，不仅相继创造性地提出了工农民主、人民民主等政治主张，而且创立了工农兵代表苏维埃、各界人民代表会议等符合中国革命实际的民主形式和体现最广大人民根本利益的建国方案。为建立一个人民民主专政的国家，香山时期，中国共产党指导召开各界人民代表会议，恢复建立全国性群众团体，与各界人士诚挚交往，筹备召开中国人民政治协商会议第一届全体会议，成立中央人民政府，进行了协商建国的生动实践。

一、中国共产党革命斗争时期对协商民主理论及实践的探索

以改造社会为己任的中国共产党从一开始就把建立什么样的国家放在非常重要的位置来考虑。中国共产党早期的国家观，经历了在马克思主义国家观的指导下，从少数人的觉醒到成为全党的纲领目标，从对以无产阶级专政为主要特征的社会主义国家的一般向往，逐渐走向从中国实际出发

---

* 　都斌、杜意娜、石碧兰执笔。

考虑建国方案的思想过程。

（一）中国共产党对政权建设问题的思考

十月革命一声炮响，给苦苦探寻救国之路的中国先进知识分子提供了新的思路。北京作为中国最早传播马克思主义的主阵地，汇聚了李大钊等研究和传播马克思主义的早期共产主义者，他们以马克思主义国家观构想国家的政权建设问题。青年毛泽东在学习马克思主义著作后提出，"国家坏到了极处"，"刻不容缓的民众大联合，我们应该积极进行"。

中国共产党从成立之日起，就把建立什么样的国家放在非常重要的位置来考虑。从党的一大到三大，以毛泽东同志为主要代表的中国共产党人分别结合中国革命的目标提出了国家建政的思想和主张：党的一大纲领提出，"采用无产阶级专政"的方式消灭阶级；党的二大通过的《关于"民主的联合战线"的决议案》中，首次提出建立"民主政治的独立国家"的思想和主张；党的三大决定采取国共合作的方式推进国民革命。1927年，四一二反革命政变后，国民革命联合战线破裂。惨痛的教训使共产党人清醒地认识到"以后要非常注意军事，须知政权是由枪杆子中取得的"，确立了武装反抗国民党反动派和开展工农武装割据斗争的方针，先后创立了井冈山和中央苏区等革命根据地。

（二）局部执政条件下中国共产党民主政权建设的理论与实践

国民革命失败后，中国共产党在重新审视中国社会和中国革命的基础上，独立领导中国革命并开始建立革命政权。土地革命战争时期和抗日战争时期，中国共产党的建国主张随着中国革命实际和政权探索实践的发展，经历了从"苏维埃工农共和国"到"民主共和国"再到"新民主主义共和国"的演变，中国共产党民主政权建设主张逐步理论化、体系化，也在多方面展现了马克思主义国家学说中国化的不断演进。

1931年11月，中国共产党领导下的中华苏维埃共和国临时中央政府成立，这是中国历史上第一个全国性的工农民主政权，是党在局部地区执政的重要尝试，使陷入苦难深渊的中国人民看到了光明和希望。

全民族抗战时期，为了团结一切抗日力量，救亡图存，中国共产党在陕甘宁边区施行"三三制"政权组织制度，推行"投豆选举"等民主选举方式，极大地调动了全民族的抗日热情。这一时期，根据中国社会的主要矛盾和革命发生、发展的原因，明确了新民主主义革命阶段的基本纲领，要建立"无产阶级领导下的一切反帝反封建的人们联合专政的民主共和国"，并指明新民主主义革命的发展前途必然是社会主义。抗日战争胜利前夕，在中国面临两种命运、两个前途的重大转折关头，毛泽东在党的七大开幕式上宣告中国共产党将"为建立一个独立、自由、民主、统一、富强的新中国而奋斗"。1945 年 7 月，为了探寻新中国的道路，黄炎培等民主人士访问延安，同毛泽东就如何应对历史周期率问题，进行了一场精彩的"窑洞对"。其间，中国共产党人给出了第一个答案，这就是"只有让人民来监督政府，政府才不敢松懈"，并在筹建新中国的过程中不断探索、实践和完善。

（三）新中国诞生前夕中国共产党人民民主政权建设的理论与实践

解放战争时期，人民解放军的反攻，标志着战争形势的根本改观，重建国家因成为可望又可及的事情而备受关注。随着中国共产党优势地位的形成，社会主义的因素大大增加，建国问题从理论层面跃升到实际操作层面。在人民解放战争和人民政权建设丰富实践的基础上，中国共产党对于建立什么样的国家以及如何建国这一问题进行了较之以往更为全面、深入的探讨，完成了人民民主专政的国家制度设计。此后，中国共产党广泛团结各界人士，建设新中国的民主力量不断壮大。

1. 国际和平民主的总体发展趋势与国民党的独裁统治，促使中国民主力量同中国共产党坚定地站在一起。第二次世界大战后反法西斯战争胜利后，国际上社会主义国家、民族解放运动力量有了新的发展，非常有利于中国政局朝着和平民主的方向发展，在中国共产党的积极努力和维护下，国共双方重庆政治协商会议（史称"旧政协"）得以召开。但是蒋介石独裁政府不顾全国人民的强烈反对，公然撕毁停战协定和"旧政协"协议、公开镇压民主运动、非法取缔民主团体、悍然发动全面内战，"旧政协"协议成为"一纸空文"，曾在部分民主人士中有影响的"第三条道路"政治主张迅速走向破产，民盟等民主党派和无党派人士的大多数人在抵制伪国大、反对伪宪法的斗争中，坚定地同中国共产党站在一起。至此，中国共产党领导的人民民主统一战线得到了进一步巩固，国民党的反动政权陷入了众叛亲离、彻底孤立的境地。

1947年10月，为了阐明夺取全国胜利的政治和军事原则，毛泽东为中国人民解放军总部起草了《中国人民解放军宣言》，第一次提出了"打倒蒋介石，解放全中国"的口号，标志着推翻国民党反动统治、建立新中国的任务已提上现实议事日程。12月，中共中央在陕北米脂县杨家沟召开扩大会议，会议强调："联合工农兵学商各被压迫阶级、各人民团体、各民主党派、各少数民族、各地华侨和其他爱国分子，组成民族统一战线，打倒蒋介石独裁政府，成立民主联合政府。"在1948年9月的"九月会议"上，毛泽东指出："我们是人民民主专政，各级政府都要加上'人民'二字，各种政权机关都要加上'人民'二字……以示和蒋介石政权不同。"

2. 在人民解放战争中，我党领导的人民武装斗争节节胜利促使中国民主力量看到了光明前途。 从1946年7月到1947年6月，人民解放军在第一年作战中共消灭国民党军112万人；1947年7月到1948年6月，人民解放军在第二年作战中共消灭国民党军152万人。至1948年秋，人民解放战争进入夺取全国胜利的决定性阶段，人民解放军已由战争开始时的127万人发展到280万人，解放区面积和解放区人口不断扩大，各解放区相继连成一片，面积达235.5万平方公里，占全国面积的24.5%，人口1.68亿，占全国总人口35.3%。经过近三年的解放战争，中国的军事、政治和经济形势发生了更加有利于人民的重大变化，而国民党政府的政治危机愈加严重，国统区经济走向全面崩溃。

3. 中共"五一口号"顺应时代潮流和人民期待，得到各民主党派、无

党派民主人士和各人民团体广泛响应。革命胜利指日可待，成立民主联合政府是人心所向、大势所趋。1948年4月30日，中国共产党发出纪念"五一"劳动节口号，明确提出"迅速召开政治协商会议""召集人民代表大会""成立民主联合政府"等重大目标和实现步骤。5月5日，李济深、何香凝、沈钧儒等12位民主人士联名致电毛泽东和全国同胞，响应中共"五一"号召。之后，各民主党派响应"五一"号召的声明、宣言和通电先后通过《华商报》等报纸发表。

随着各界积极响应"五一"号召，召开新的政治协商会议已经成为广泛的社会共识。聚集香港、上海等地的民主党派、无党派民主人士在中国共产党的领导、推动和组织下，围绕新政协的性质、影响、任务以及召集者、召开时间、召开地点等问题展开热烈讨论，掀起了一场声势浩大的"新政协运动"。中国共产党根据各民主党派意愿，在充分征求各方意见后，作出召开政治协商会议的决策和部署。1948年10月，中共中央指示东北局负责人在哈尔滨与民主人士举行"新政协诸问题"座谈会，就新政协筹备工作进行初步协商，11月25日达成《关于召开新的政治协商会议诸问题的协议》，从而为新政治协商会议的筹备召开奠定了思想基础。

在人民解放战争胜利推进的鼓舞和中国共产党爱国统一战线政策的感召下，各党派、各团体、各民族、各阶层、各界人士如"百川归海"一般，汇集在中国共产党的旗帜下，纷纷表示"愿在中共领导下，献其绵薄，共策进行，以期中国人民民主革命之迅速成功，独立、自由、和平、幸福的新中国之早日实现"，一股建设新中国的民主力量正在汇聚，正在凝聚。

二、香山时期中国共产党领导的协商建国实践

党的七届二中全会后，中共中央决定进驻北平，并召开新的政治协商会议，北平即将成为全国的政治中心。1949年3月25日，中共中央机关和中国人民解放军总部进驻香山。香山时期，中国共产党创造性地领导各民

主党派、无党派人士、各人民团体、人民解放军、各地区、各民族以及海外华侨代表进行协商建国的生动实践，确定了新中国国体政体，建立起人民民主专政的新型国家政权，完成了协商建国的历史伟业。

（一）中国共产党领导的多党合作局面的形成

1. 各界人士纷纷"北上"，北平成为协商建国的政治中心。"五一口号"发布后，中共中央开始邀请、部署和组织民主人士前往东北、华北等解放区。据不完全统计，从1948年9月到1949年9月，中共香港分局分20多批次，向解放区运送了1000多人，其中民主人士350多人。北平和平解放后，民主人士纷纷北上到达北平。与此同时，为了迎接革命在全国的胜利和更好地筹备政治协商会议，指导新中国的建设事业，1949年3月25日，中共中央根据七届二中全会的决议，正式进驻北平香山。北平成为协商建国的政治中心。

1949年2月25日，李济深、沈钧儒、马叙伦、郭沫若、章伯钧等35人，自东北抵达北平。26日，中国人民解放军平津前线司令部、北平市军事管制委员会、中共北平市委、北平市人民政府在中南海怀仁堂举行盛大欢迎会，热烈欢迎由各地来平及留平的民主人士、各团体代表，共有400多人参加。会上，李济深、沈钧儒等14人相继发表演说，认为"中国的革命在中共领导之下是必然成功的"，中国共产党"只知道有人民大众，不知道有自己"，表示坚决在中国共产党领导下贯彻反对帝国主义、封建主义和官僚资本主义的人民民主革命。此后，不断有民主人士如柳亚子、黄炎培、张澜、宋庆龄等抵达北平参加新政协筹备工作。

为了体现新政治协商会议的广泛性和全面性，中国共产党还邀请少数民族、海外华侨、起义将领代表参加会议，共商国是。"新疆保卫和平民主同盟"成员阿合买提江、南洋侨领陈嘉庚、国民党起义将领程潜等都受邀参加新政治协商会议，人民民主统一战线得到了进一步扩大和巩固。

2. 中共在北平同各界人士诚挚交往，厚植了筹备建立新中国的共同思想和政治基础。香山时期，以毛泽东同志为主要代表的中国共产党人以

"海纳百川"的宽广胸怀同各界人士诚挚交往。据不完全统计，毛泽东等中共领导人在香山先后会见了黄炎培、傅作义、张治中、李济深、柳亚子、张澜、陈嘉庚、司徒美堂等各界人士 20 余批次，并通过邀请各界代表参加西苑阅兵，在益寿堂宴请民主人士，同国民党军起义将领游览天坛等活动，进一步宣传党的政策、路线和建国方略。

1949 年 3 月 25 日，西苑机场举行盛大阅兵仪式，毛泽东等中共中央领导人同各民主党派负责人、无党派民主人士和北平各界代表，共同检阅中国人民解放军作战功勋部队、英雄模范功臣代表。在参加西苑阅兵后，马叙伦赋诗一首表达自己的感慨之情，"射天炮响撼云霄，车可爬山亦足豪。今日不须持庙告，且输前线破浪涛"[1]，坚信中国共产党必将取得人民解放战争的最后胜利。

25 日当晚，毛泽东在颐和园益寿堂宴请李济深、黄炎培、郭沫若等近 20 位民主人士，向民主人士说明国内形势以及中共关于和谈的主张。柳亚子在宴会后通过回顾同中国共产党相识、相交 20 余年的风雨历程，感慨地写道："珠江粤海惊初见，巴县渝州别一时。延水麋兵吾有泪，燕都定鼎汝休辞。推翻历史三千载，自铸雄奇瑰丽词"[2]，以此盛赞以毛泽东为主要代表的中国共产党人的历史功绩。

解放战争胜利推进之时，国民党军中一部分爱国军人举行起义，加速了国民党残余军事力量的瓦解，同时增强了人民解放军的力量，可以说国民党军起义将领对新中国成立做出了一定历史贡献。1949 年 9 月 19 日，毛泽东邀请程潜、陈明仁等国民党军起义将领一道游览天坛。其间，毛泽东对脱离国民党反动阵营，选择站在人民一边的起义将领大加赞赏，指出"此次革命实为人民革命，非共产党所得为私。即如重庆舰来归，舰上凡七百余人，并无一共产党人，此可为证"[3]，表明了中国共产党领导的革命的正义性和人民性。

---

① 周德恒编：《马叙伦诗词选》，文史资料出版社 1985 年版，第 115 页。
② 《柳亚子诗词选》，人民文学出版社 1981 年版，第 168 页。
③ 张元济著：《张元济日记》（下），商务印书馆 2018 年版，第 917 页。

（二）新政治协商会议筹备召开前的组织动员

在中国革命战争迅速取得胜利的形势下，召集新政治协商会议和成立民主联合政府的一切条件都已经成熟，中国共产党为召开新的政治协商会议积极进行组织和筹备工作。

1. 将召开各界人民代表会议作为密切党和政府与人民群众联系的桥梁。香山时期，中国共产党为了密切联系人民群众，倾听人民呼声，了解人民意愿，汇聚人民智慧，形成党的政策主张，指示各解放区迅速召开各界人民代表会议。在整个 1949 年，毛泽东向全国各解放区先后发出 9 封关于要求迅速召开各界代表会议的指示电。7 月 31 日，中共中央在《关于迅速召开各界代表会议和人民代表会议给各中央局、分局的指示》中提出："凡三万人口以上的城市，在解放两个月至迟三个月后，即应召开各界代表会议。"[①] 在中共中央的指导下，8 月 9 日至 14 日，具有全国性示范作用的北平市各界代表会议召开。8 月 13 日，毛泽东出席会议，并发表重要讲话："一俟条件成熟，现在方式的各界人民代表会议即可执行人民代表大会的职权，成为全市的最高权力机关，选举市政府。"[②] 与此同时，电报还专门就会议代表的广泛性、会议的组织筹备、会议要解决的主要问题等提出具体要求，并强调各界代表会议要成为"党与政府密切地联系人民群众的重要方法之一"。

各界人民代表会议的召开，使中国共产党的方针、路线、政策进一步深入人心，提出的决议和主张得到广大人民的衷心拥护，为人民代表大会制度成为新中国政体，打下了良好的基础。

2. 全国性群众团体纷纷恢复和建立，为新政治协商会议的召开奠定了坚实的组织基础。群众团体是中国共产党联系人民群众的纽带和桥梁。中共中央进驻北平后，将分处于解放区和国民党统治区的群众团体迅速地组

---

① 中共中央文献研究室、中央档案馆编：《建党以来重要文献选编（1921—1949）》（第 26 册），中央文献出版社 2011 年版，第 610 页。

② 中共中央文献研究室编：《毛泽东年谱（1893—1949）》（下卷），中央文献出版社 2013 年版，第 550 页。

织起来。1948 年秋至 1949 年上半年，在中国共产党的领导下，各人民团体纷纷建立和扩大，进一步巩固了人民民主统一战线。1948 年 8 月，第六次全国劳动大会在哈尔滨召开，会议决定恢复中国工人阶级统一的组织——中华全国总工会。1949 年 7 月至 8 月，中华全国总工会在北平召开全国工会工作会议，确定在一年左右的时间内，把全国工人阶级首先是产业工人组织起来。3 月至 4 月，中国妇女第一次全国代表大会在北平召开，成立中华全国民主妇女联合会。4 月，根据中共中央的决议，在北平召开中国新民主主义青年团第一届全国代表大会。大会通过新民主主义青年团的工作纲领和团章，推选任弼时任名誉主席，选出冯文彬为书记的青年团中央委员会。7 月，中华全国文学艺术工作者代表大会在北平召开，成立中华全国文学艺术界联合会。

全国自然科学工作者、社会科学工作者、教育工作者、新闻工作者的代表也举行会议分别成立全国性组织。据不完全统计，北平和平解放后，在北平召开筹备会或代表会议的群众性团体达 40 余个，这些群众团体的恢复和建立以及全国会议的召开，是人民民主统一战线扩大和巩固的标志，也是召开新的政治协商会议的重要组织准备工作。

（三）中国共产党领导的多党合作和政治协商制度正式确立

中国共产党在革命实践中，将马克思主义的政党理论与中国具体实际结合起来，建立了广泛的统一战线。为了追求民主、抗击日寇、谋取和平、协商建国，中国共产党与各民主党派风雨同舟、患难与共，不断巩固和发展统一战线。在中国共产党的精心安排和周密部署下，中国人民政治协商会议正式召开，中华人民共和国宣告成立，中国新民主主义革命取得了基本的胜利，这是无数中国共产党人孜孜不倦探索协商建国取得的伟大成果。

1. 为筹备新政治协商会议，同各界代表事前充分沟通协商，形成广泛共识。为迅速召开新的政治协商会议，并为成立民主联合政府做好全面准备，中国共产党领导民主党派、无党派民主人士召开新政协筹备会，通过充分的民主协商，讨论即将成立的新中国的政权建设和未来发展各项问题。

1949 年 6 月 15 日至 19 日，新政治协商会议筹备会第一次全体会议在北平中南海勤政殿召开。毛泽东在筹备会讲话中强调："必须打倒帝国主义、封建主义、官僚资本主义和国民党反动派的统治，必须召集一个包含各民主党派、各人民团体、各界民主人士、国内少数民族和海外华侨的代表人物的政治协商会议。"[①]

新政治协商会议筹备会的常委会下设立六个小组，分别负责拟定参加新政协的单位及代表名额，起草新政协的组织条例，起草《共同纲领》，拟定政府方案，拟定国旗、国歌及国徽方案等工作，全面展开新中国的各项筹备工作。六个小组的筹备工作充分体现了协商民主精神，《大公报》记者在参加《共同纲领》讨论后认为："这个纲领的制定，经过慎重的起草，并经过广泛、反复而深入的讨论，出席人民政协的每个代表都曾参加了若干次的讨论，都曾发表了意见，凡是中肯的意见都被综合采纳了。所以共同纲领的制定，真是做到了民主。"[②]

1949 年 9 月 17 日，新政治协商会议筹备会第二次全体会议在北平召开。会议决定将"新政治协商会议"正式定名为"中国人民政治协商会议"，并通过了提交会议讨论的有关文件。通过筹备会代表的民主协商，新中国的轮廓显现得清清楚楚。

2. 中国人民政治协商会议第一届全体会议是全国各族、各界人民大团结的盛会。人民政协是中国共产党领导的以工农联盟为基础的人民民主统一战线的组织形式。在中国共产党领导下的中国人民政治协商会议第一届全体会议的召开，标志着 100 多年来中国人民争取民族独立和人民解放运动取得了历史性的伟大胜利，标志着人民民主统一战线和全国人民大团结在组织上完全形成，标志着中国共产党领导的多党合作和政治协商制度正式确立。

1949 年 9 月 21 日至 30 日，中国人民政治协商会议第一届全体会议在

---

① 《毛泽东选集》第四卷，人民出版社 1991 年版，第 1463 页。

② 政协全国委员会办公厅编：《开国盛典——中华人民共和国诞生重要文献资料汇编》（上编），中国文史出版社 2009 年版，第 224 页。

北平中南海怀仁堂举行，参加政协的有中国共产党、各民主党派、无党派人士、各人民团体、人民解放军、各地区、各民族以及海外华侨代表662名。毛泽东在开幕词中指出，这次会议是"全国人民大团结的会议"。有感于中国人民英勇的反抗斗争，中国共产党的坚强领导，无数爱国人士巨大的自我牺牲，和即将成立的新中国的光明前景，毛泽东在会上庄严宣告："占人类总数四分之一的中国人从此站立起来了。"① 为让更多代表在大会上发言，毛泽东致信周恩来并专门强调注意及时组织此事，周恩来对此一一作出安排，各界代表纷纷发言，抒发内心喜悦、反映各界心声。特邀代表宋庆龄在发言中认为，中国人民政治协商会议的召开"在中国历史上，这是第一次有这样一个广大代表性的人民的集会，形成一个真正的统一战线，以执行共同纲领，和组织一个真正的人民民主政府"②。代表们的讲话充满了对中国共产党领导的协商建国的盛赞，对中国人民政治协商会议召开的祝贺和对新生的共和国的期待之情。

中国人民政治协商会议第一届全体会议一致通过国都、纪年、国歌、国旗等决议案。确定中华人民共和国的首都为北京，以公元纪年，在中华人民共和国的国歌未正式制定前，以《义勇军进行曲》为代国歌，以五星红旗为国旗。同时，一致通过《中华人民共和国中央人民政府组织法》《中国人民政治协商会议组织法》《中国人民政治协商会议共同纲领》《中国人民政治协商会议第一届全体会议宣言》。9月30日，中国人民政治协商会议第一届全体会议选举中华人民共和国中央人民政府主席、副主席和委员。毛泽东当选为中华人民共和国中央人民政府主席。10月9日，毛泽东当选政协第一届全国委员会主席。

3. 中华人民共和国的成立开启了中国发展新纪元。经过28年浴血奋斗，党领导人民，在各民主党派和无党派民主人士积极合作下，于1949年

---

① 政协全国委员会办公厅编：《开国盛典——中华人民共和国诞生重要文献资料汇编》（上编），中国文史出版社2009年版，第268页。
② 政协全国委员会办公厅编：《开国盛典——中华人民共和国诞生重要文献资料汇编》（上编），中国文史出版社2009年版，第275页。

10 月 1 日宣告成立中华人民共和国，实现民族独立、人民解放，彻底结束了旧中国半殖民地半封建社会的历史，彻底结束了极少数剥削者统治广大劳动人民的历史，彻底结束了旧中国一盘散沙的局面，彻底废除了列强强加给中国的不平等条约和帝国主义在中国的一切特权，实现了中国从几千年封建专制政治向人民民主的伟大飞跃，也极大改变了世界政治格局，鼓舞了全世界被压迫民族和被压迫人民争取解放的斗争。1949 年 10 月 1 日下午 2 时，中央人民政府委员会在中南海勤政殿举行第一次会议，毛泽东宣布主席、副主席、委员就职，中央人民政府成立。下午 3 时，庆祝中华人民共和国中央人民政府成立典礼开始。毛泽东向全世界庄严宣告："中华人民共和国中央人民政府今天成立了。"开国大典上，首都 30 万军民在天安门广场欢呼新中国的诞生。

10 月 2 日，《人民日报》发表的《不可战胜的人民国家》社论热情讴歌了新中国的政府："一个世纪以来中国人民奋斗的理想业已成为伟大的现实，四万万七千五百万中国人民的空前大团结已经产生了中国人民自己的空前强有力的政府。这个政府……它就必然成为中国历史上空前未有的唯一能够得到全国人民的热烈拥护、唯一能够真正统一全中国、唯一能够担负新中国艰巨的建设任务、最廉洁、最有效率和最强有力的政府。"[1] 中国人民从此把命运牢牢掌握在自己手中，成为国家、社会和自己命运的主人。中国共产党和中国人民以英勇顽强的奋斗向世界庄严宣告，中国人民不但善于破坏一个旧世界、也善于建设一个新世界。实践充分说明，历史和人民选择了中国共产党，没有中国共产党领导，民族独立、人民解放是不可能实现的。中国共产党和中国人民以英勇顽强的奋斗向世界庄严宣告，中国人民从此站起来了，中华民族任人宰割、饱受欺凌的时代一去不复返了，中国发展从此开启了新纪元。

---

① 《不可战胜的人民国家》，《人民日报》1949 年 10 月 2 日。

三、香山时期中国共产党领导的协商建国实践的现实启示

香山时期，以毛泽东同志为主要代表的中国共产党人广泛接触民主党派、民主人士，与他们共商建国大计。在筹备新政协的过程中，中国共产党领导起草了起到临时宪法作用的《中国人民政治协商会议共同纲领》，确定了新中国的国体和政体，构架起新中国人民政权建设的"四梁八柱"，历史性地将"人民至上"的理念上升为国家意志，固化为国家制度，转化成"为新中国奠基"的实际行动。老一辈革命家在香山期间立党为公、执政为民，筹建人民当家作主的新中国的光辉奋斗历程，是对"人民至上"根本立场的深刻阐释，对于我们今天进一步坚持、完善和发展中国特色社会主义民主制度具有现实启示。

（一）中国共产党的领导是实现协商民主的根本保证

中国共产党是领导我们事业的核心力量。"历史和人民选择了中国共产党，没有中国共产党的领导，民族独立、人民解放是不可能实现的。"[①] 中国共产党的领导是中国特色社会主义最本质的特征，也是协商民主发展的根本保证。中国人民和中华民族之所以能够扭转近代以来的历史命运、取得今天的伟大成就，最根本的是有中国共产党的坚强领导。

1948 年，中国共产党领导香港各界开展"新政协运动"，在征求"政协会议由谁召集"时，各民主党派认为："中共在中国革命艰苦而长期的斗争中，贡献最大而又最英勇，为全国人民起了先导和模范作用。因此，这次新政协的召开，无疑我们得承认它是领导者和召集人。"[②] 中国革命和新政协"必须由无产阶级来领导"，"我们得承认它是领导者和召集人"。香山时期，在中国共产党的号召和组织下，民主党派、无党派民主人士汇聚北平；在中国共产党的支持和帮助下，各人民团体纷纷恢复和建立；在中国共产

---

① 《党的十九届六中全会〈决议〉学习辅导百问》，党建读物出版社、学习出版社 2021 年版，第 19 页。
② 杨建新、石光树、袁廷华编著：《五星红旗从这里升起——中国人民政治协商会议诞生纪事暨资料选编》，文献资料出版社 1984 年版，第 172—173 页。

党的带领和指导下，众多党内外人士深入沟通协商，召开中国人民政治协商会议、成立中央人民政府，完成了建立新中国的光辉伟业。协商建国一直是在中国共产党领导下有序展开的，并取得了丰硕的成果。

强国必先强党。要充分发挥党总揽全局、协调各方的领导核心作用。只有坚持中国共产党的领导，协商民主才能充分发挥出权威性、系统性、稳定性和人民性，才能汇聚民意、增强团结、汇集智慧，才能充分发展真正行得通、做得到的民主形式。

（二）协商民主是实现全过程人民民主的前提

全过程人民民主，既是中国特色社会主义民主的鲜明特点，又是进一步推进中国特色社会主义民主发展的重要目标。在庆祝中国共产党成立100周年大会的重要讲话中，习近平总书记强调："我们必须紧紧依靠人民创造历史，坚持全心全意为人民服务的根本宗旨，站稳人民立场，贯彻党的群众路线，尊重人民首创精神，践行以人民为中心的发展思想，发展全过程人民民主。"

香山时期，在擘画新中国伟大蓝图的进程中，参加新政协的单位代表反复协商，重大议案在提出前先经讨论，受邀单位不论人数多少都有投票权，充分体现了民主选举、民主协商、民主决策。1949 年 6 月 16 日，周恩来在《关于新政治协商会议筹备会组织条例（草案）的解释报告》中，对新政协的民主形式进行了深刻的阐释："凡是重大的议案不只是在会场提出，事先就应提出来或在各单位讨论。"[①] 为了让人民更好地参与政权建设和政府工作，1949 年 8 月，北平市各界代表会议召开。北平各界 332 人出席了会议。一位参加旁听的记者在报道中写道："人民有权听取政府的工作报告，批评政府的工作，现在来说是件平常的事情。这就使每个人都感到一种不能抑止的愉悦：自己成了国家的主人了！"[②]

---

① 中共中央文献研究室编：《中华人民共和国开国文选》（上册），中央文献出版社 1999 年版，第 179 页。

② 《一致的喜悦——北平市各界代表会旁听记》，《人民日报》1949 年 8 月 10 日。

建设社会主义民主政治必须积极发展全过程人民民主，健全全面、广泛、有机衔接的人民当家作主制度体系，构建多样、畅通、有序的民主渠道，丰富民主形式，从各层次、各领域扩大人民有序政治参与，使各方面制度和国家治理更好体现人民意志、保障人民权益、激发人民创造。

（三）人民至上是协商民主的根本立场

党的根基在人民、血脉在人民、力量在人民，人民是党执政兴国的最大底气。中国共产党的一切执政行为，中华人民共和国的一切政策措施，都要充分尊重人民的主体地位。习近平总书记在党史学习教育动员大会上强调："赢得人民信任，得到人民支持，党就能够克服任何困难，就能够无往而不胜。"

香山时期，以毛泽东同志为主要代表的中国共产党人立党为公、执政为民，始终坚持"以人民为中心"，恢复和建立全国性群众团体，广邀各界人士代表参加中国人民政治协商会议，制定符合人民利益的大政方针，带领广大人民群众筹建人民当家作主的新中国的伟大创举，深刻阐释了"人民至上"的根本立场。北平市郊区农民代表团在向记者谈参加北平市各界代表会议的感受时，深切地说："国家是人民的国家，人民必须自己当家作主，国家的一切事情都要由人民自己讨论；如今政府向人民报告工作，接受批评，与国民党开会训人民的情形大不相同了。"[1]

在百年波澜壮阔的历史进程中，中国共产党紧紧依靠人民，实现了一个又一个"不可能"，创造了一个又一个难以置信的奇迹。只有把人民高高举起，才能得到人民的拥护，协商民主制度的发展才能拥有坚实的群众基础。

（四）统一战线是协商民主的组织保障

建立最广泛的统一战线，是党克敌制胜的重要法宝，也是党执政兴国

---

① 《出席各界代表会议代表 纷向群众传达决议 组织群众配合政府贯彻执行》，《人民日报》
1949 年 8 月 19 日。

的重要法宝。党始终坚持大团结大联合，团结一切可以团结的力量，调动一切可以调动的积极因素，最大限度凝聚起共同奋斗的力量。

早在 1947 年，毛泽东就在《目前形势和我们的任务》中指出，"中国新民主主义的革命要胜利，没有一个包括全民族绝大多数人口的最广泛的统一战线，是不可能的。没有中国共产党的坚强的领导，任何革命统一战线也是不能胜利的"。香山时期，中国共产党为建立广泛的统一战线，诚邀民主党派、无党派民主人士、各人民团体及社会各界参与新中国筹建的各项事宜。国旗、国徽和国歌面向全国人民征稿；工人、农民、文艺工作者、科学工作者等代表均可参加中国人民政治协商会议和各界代表会议，为新中国的成立及发展问题积极建言献策；在 6 名中央人民政府副主席中，民主人士 3 名，占 50%，在 56 名中央人民政府委员中，民主人士 27 名，占48.2%。香山时期，中国共产党践行了建立并不断扩大人民民主统一战线、成立民主联合政府的初心。

中国共产党不断完善大统战工作格局，努力寻求最大公约数、画出最大同心圆，汇聚实现中华民族伟大复兴的磅礴力量，为协商民主奠定了坚实的组织基础。

百年征程，香山华章。北京香山见证了中国共产党人广泛团结各界人士，凝心聚力擘画新中国宏伟蓝图的辉煌历程。新的征程上，我们必须紧紧依靠人民创造历史，坚持全心全意为人民服务的根本宗旨，站稳人民立场，贯彻党的群众路线，发展全过程人民民主，坚持统一战线，汇聚起全体中华儿女的磅礴力量。我们要紧密地团结在以习近平同志为核心的党中央周围，坚持以人民为中心，一切为了人民、一切依靠人民，不忘初心、牢记使命，满怀信心继续把新中国巩固好、发展好，为实现中华民族伟大复兴的中国梦不懈奋斗！

目 录

第 一 篇

立党为公 风范长存

毛泽东在进京『赶考』第一站

口述人：毛泽东之孙毛新宇

作为一代伟人，爷爷给我们留下了丰厚的精神遗产。其中，最重要的就是毛泽东思想。毛泽东思想是马克思主义中国化第一次历史性飞跃，从政治、经济、军事、哲学、文化各领域丰富发展了马列主义理论体系。

········

毛泽东（1893—1976），湖南湘潭人，中国人民的伟大领袖，伟大的马克思主义者，伟大的无产阶级革命家、战略家和理论家，中国共产党、中国人民解放军和中华人民共和国的主要缔造者和领导人，马克思主义中国化的伟大开拓者，近代以来中国伟大的爱国者和民族英雄，中国共产党第一代中央领导集体的核心，领导中国人民彻底改变自己命运和国家面貌的一代伟人。

领导筹建人民政协

1946 年 6 月，国民党反动政府不顾全国人民和平建国的强烈愿望，悍然向中原解放区发动进攻，全面内战爆发。在这种情况下，我军被迫进行自卫还击。经过近三年的解放战争，中国的军事、政治和经济形势发生了更加有利于人民的重大变化。1948 年 4 月 30 日至 5 月 7 日，爷爷在城南庄主持召开了中央前委和中央工委会合以后的第一次书记处扩大会议，会上的一个重要议题就是研究"邀请港、沪、平、津等地各中间党派及民众团体的代表人物来解放区商讨关于召开人民代表大会并成立临时中央政府问题"。经过认真讨论，会议决定以中共中央名义发布"五一口号"，号召"各民主党派、各人民团体、各社会贤达迅速召开政治协商会议，讨论并实现召集人民代表大会，成立民主联合政府"。4 月 30 日，新华社正式向外公布了经毛泽东修改后的"五一口号"。"五一口号"充分考虑到建立新民主主义国家的合法程序并坚决将国民党反动政府排除在政治协商会议之外，得到了各民主党派和无党派人士的积极响应。

1948 年 5 月 2 日，刊有"五一口号"的《人民日报》。

在 1949 年新年献词中，毛泽东除了强调必须将革命进行到底之外，还将迅速召开政治协商会议，宣告中华人民共和国的成立并组成中央人民政府作为当年最主要的任务。1 月 22 日，李济深、沈钧儒、郭沫若、马叙伦等 55 位民主人士发表了《我们对于时局的意见》，表示愿意在中国共产党领导下，共同推动中国新民主主义革命早日成功，早日建立独立、自由、和平、幸福的新中国。

1949 年 3 月，在党的七届二中全会上，毛泽东宣告中国共产党领导下的新政协会议即将召开，民主联合政府即将成立。随着革命形势的发展，中共中央机关和中国人民解放军总部进驻北平。爷爷在香山双清别墅住处亲切接见了柳亚子、司徒美堂等民主人士，同时还到正阳门火车站迎接宋庆龄和程潜。共产党人宽阔的胸襟，谦虚谨慎的态度，赢得了民主人士的高度赞誉。

新政协会议筹备期间，党内少数干部并未认识到团结民主党派人士协商建国的重要性，对于在政治上礼遇、尊重民主人士，给民主人士较高的政治地位想不通、有意见。对此，我爷爷和刘少奇、周恩来等反复进行政策解释，指出要学会并且善于团结民主党派人士，共同搞好国家建设。

其间，邀请孙中山先生遗孀宋庆龄北上是一项重要的工作。宋庆龄作为一位伟大的女性，是孙中山先生的夫人和知己，也是中国共产党长期以来风雨同舟的战友，在民主人士中享有崇高威望。为了表达诚意，爷爷和周恩来分别给宋庆龄起草信函，并出邓颖超和廖梦醒亲自带到上海，邀请宋庆龄北上。共产党人的真诚感动了宋庆龄，经过慎重考虑，她决定北上参加新政协会议。1949 年 8 月 28 日，宋庆龄乘专列抵达北平。爷爷、朱德和周恩来以及大批民主人士到正阳门火车站迎候，宋庆龄深受感动，随后与广大民主人士一起投入到筹备新政协的紧张工作之中。

从发布"五一口号"到成立人民政

1949 年 8 月 28 日，毛泽东与谭平山（右二）、李济深（右三）、蔡廷锴（右四）、彭泽民（右五）等在北平正阳门火车站迎候宋庆龄。

协，人民政协的性质、定位和职能作用等重要问题都得到圆满解决，并且在《中国人民政治协商会议共同纲领》和《中国人民政治协商会议组织法》中有所体现。中国共产党领导下的新政协和国民党反动政府组织的旧政协是有本质区别的，新政协虽然沿用了政协会议的名称，但从组织性质而言，绝不是来源于旧政协。旧政协以国民党反动派为主体，而新政协在中国共产党的领导下，参加者是一切民主阶级的代表，国民党反动派被排除在外。人民政协是固定的长期存在的统一战线组织，对新中国的社会政治制度产生了深远影响。

指挥解放全中国

1948 年秋，中国人民解放军发起战略进攻一年后，爷爷和他的战友们指挥我军适时转变到战略决战阶段。从 1948 年 9 月至 1949 年 1 月，是解放战争取得决定性胜利的时期，在这个时期，爷爷和他的战友们指挥了辽沈、淮海、平津三大战役，在长江以北广大地区，全歼国民党军主力兵团。而在指挥三大战役的峥嵘岁月中，爷爷的军事指挥艺术已经达到炉火纯青、出神入化的境界。辽沈、淮海、平津三大战役，以及在战略决战阶段进行的其他战役，消灭了国民党军主力，从根本上动摇了国民党的反动统治，我军转入了向全国进军的新阶段。

1949 年，解放社编新华书店发行的《将革命进行到底》。

1949年3月23日，中共中央机关和中国人民解放军总部由西柏坡向北平进发，3月25日进驻北平。4月1日，国民党政府"代总统"李宗仁派出的和谈代表来到北平进行和平谈判。李宗仁虽然是"代总统"但并无实权，蒋介石依然掌握着国民党军政实权，继续左右国民党政局。原本，爷爷想利用李宗仁与蒋介石之间的矛盾，尽最大努力争取李宗仁和他率领的几十万桂系部队与蒋介石政府彻底决裂。可惜当时李宗仁尚没有勇气与蒋介石决裂，他虽与蒋介石有矛盾，但在反对我军南渡长江这一点上，两人完全一致。白崇禧作为桂系主要将领，也坚决反对和谈，情愿追随蒋介石与我军血战到底。

1949年4月中旬，长江即将进入梅雨汛期，一旦进入汛期，长江水位上涨将给我军的渡江作战带来极大困难，蒋介石和李宗仁都想利用长江汛期阻止我军过江，所以二人共同指示国民党和谈代表尽量拖延时间。我党及时揭穿了国民党反动政府的阴谋，将签订《国内和平协定（最后修正案）》的时间定在4月20日。如果国民党政府代表签署和平协定，人民解放军就采取和平方式渡江，否则就将武力渡江。

最终，国民党政府拒绝在和平协定上签字。21日，爷爷和朱德总司令正式发布《向全国进军的命令》，要求中国人民解放军"坚决、彻底、干

人民解放军强渡长江。

净、全部地歼灭中国境内一切敢于抵抗的国民党反动派，解放全国人民，保卫中国领土主权的独立和完整"。

进军令下达后，人民解放军百万大军在西起江西九江的湖口、东至江苏江阴的千里战线上强渡长江。在我军的猛烈攻击下，国民党军苦心经营的长江防线土崩瓦解。4 月 23 日，人民解放军占领南京，统治中国 22 年的反动腐朽的蒋家王朝终于彻底覆灭。

从国民党政府灭亡之日起，我军开始对遗留全国的 100 多万国民党残余部队展开战略追击。爷爷得知我军攻占南京总统府，心中无比激动喜悦，挥毫写下壮丽诗篇《七律・人民解放军占领南京》：

> 钟山风雨起苍黄，百万雄师过大江。
> 虎踞龙盘今胜昔，天翻地覆慨而慷。
> 宜将剩勇追穷寇，不可沽名学霸王。
> 天若有情天亦老，人间正道是沧桑。

诗词以磅礴壮丽的语言描述百万大军发起的规模空前的渡江战役。中国历史将进入人民群众当家作主的伟大新纪元。与此同时，爷爷作为一名伟大战略家，以诗篇鼓舞渡江作战部队将革命进行到底，对中国境内国民党残余部队展开战略追击，直至全歼敌军，夺取中国革命的最终胜利。

从 1949 年 4 月渡江战役打响，至 1951 年西藏和平解放，这两年多的时间，爷爷的军事战略思想又有所发展。不但指挥我军全歼了国民党残余部队，同时与美帝国主义在朝鲜战场展开斗争。在这个历史时期，爷爷依据不同地区的国民党残余部队特点，制定不同的作战方针。对于白崇禧、胡宗南所部，采取远距离大迂回大包围再向回打的方针，以防他们逃往国外；对于盘踞在甘肃、宁夏、青海等西北地区的马家军，基本采取猛打猛追就地歼灭的作战方针，在实行军事打击的同时积极发动政治攻势；对于驻守在东南沿海的国民党残余部队，则尽可能将他们歼灭在大陆，不使他们逃亡海外，同时准备对近海岛屿进行渡海作战，先扫除几个屏障台湾海

香山革命纪念馆中毛泽东在香山双清别墅阅读《进步日报》关于"南京解放"消息的雕塑景观。

岛的国民党残余部队，等我军组建起海空军时，再渡海攻打。

在我军向全国进军的过程中，以毛泽东为首的中共中央、中央军委要求全党全军迅速转变工作重心，要求先占城市后占乡村，将歼灭国民党军残余部队与解放大城市紧密结合起来，尽可能使我国重要的工业化城市免遭敌军破坏和战火毁灭。这样做既有利于我军迅速掌握新解放区的政治局面，迅速恢复发展生产，同时也使逃窜到乡村的国民党残余部队在丧失城市依托后被迅速歼灭。

1949 年 5 月，我军发起解放上海的战役。上海是我国重要的工业化城市，有"东方巴黎"之美誉。1927 年 4 月 12 日，蒋介石在上海发动震惊中外的四一二反革命政变，疯狂杀戮共产党人和革命群众。22 年后，蒋介石再次亲自指挥驻守上海的国民党军汤恩伯军团，准备与我军血战到底。中共中央和中央军委给解放上海的部队提出要求，不能让战火毁坏上海主要建筑物，更不能让战火毁坏上海的工厂、商店、学校。第三野战军指挥员遵照中共中央和中央军委的指示，采取先攻打吴淞口和乍浦海口断敌海上退路，然后再从上海的浦东、浦西两路迂回包抄形成钳形攻势，全歼上海市区敌军的策略。经过数日激战，我军重创汤恩伯兵团，上海解放。

遵照中共中央和中央军委战略部署，我军在全国各地以秋风扫落叶之势追歼残敌。1949 年 8 月，第一野战军打响兰州战役，尽管马步芳守军拼死抵抗，但由于我军作战英勇，以伤亡近七万官兵的代价攻克兰州城，全歼马步芳主力部队。随后，我军在地域辽阔的大西北地区远途追击残余的马家军，最终迫使驻守在宁夏和青海的马鸿逵残余部队全部投降，接受改编。在西北地区全歼马家军后，第一野战军迅速以车运和步行行军的方式进军新疆，后经国民党起义将领张治中的劝说，国民党新疆省主席包尔汉

上海市民把自制的纸花挂在战士的枪上。

宣布起义，新疆和平解放。上海战役结束后，第三野战军第十兵团就开始进行进军福建的准备工作，7月2日，第十兵团开始向福建进军。1949年7月至1950年5月，第三野战军在向华东南进军中，解放了福建省及东南沿海的大部岛屿。

1949年8月，第四野战军在解放湖南大部分地区后，在政治上争取国民党湖南省主席程潜起义。后来在爷爷亲笔信的感召下，程潜和驻守长沙的国民党名将陈明仁宣布湖南和平解放。湖南的和平解放给驻守在广西的李宗仁和白崇禧部队构成了严重威胁。同年10月，四野向两广进军，在衡宝战役中歼灭白崇禧主力部队，随后第四野战军胜利渡海，解放了海南岛。

第二野战军在十八兵团配合下，从1949年10月下旬开始向四川、云南、贵州三省进军，采取军事打击为辅、政治争取为主的战略方针，成功使驻守四川的国民党军将领刘文辉、邓锡侯，驻守云南的国民党军将领卢汉宣布和平起义，西南三省和平解放。

在我军歼灭国民党残余部队解放全中国的战役中，最艰难的就是解放西藏。从1950年3月开始，人民解放军分别从云南、四川、青海、新疆等地向西藏进军。进军西藏之时，十世班禅管理后藏地区，十四世达赖管理

前藏地区，两位藏传佛教领袖人物正处于少年时期，未达到亲政年纪，暂由摄政活佛大札代为理政。进军西藏的艰巨性体现在三个方面：其一，自然地理气候条件对我军官兵的考验，青海西藏多海拔高、空气稀薄的高原雪山，气候恶劣。其二，我军面对的敌人主要不是国民党政府官员和军队，而是与藏传佛教有着密切联系的大农奴主及其手中的武装力量。其三，我军要解放的民众，也是虔诚信仰藏传佛教的藏族兄弟。正因如此，解放西藏不可以仅依靠单纯的军事斗争，也要依靠党所制定的正确的宗教政策，特别是要团结藏传佛教领袖人物。

我军进军西藏沿途保护藏传佛教寺院，并且帮助藏族群众修公路、抢种青稞恢复生产，还为藏族群众送药治病，广大藏族群众亲切地称我军官兵为"菩萨兵"。藏传佛教爱国领袖、西康省白利寺格达活佛在藏族地区享有崇高声望，他坚决拥护我军进军西藏，主张和平解放西藏。他通过进藏部队，见到第三野战军指挥员刘伯承和邓小平，并且通过刘、邓二人给在北京的毛泽东主席和朱德总司令发去电报，表示支持我军和平解放西藏，并且又率领和平请愿团亲赴拉萨面见达赖喇嘛，劝说达赖欢迎我军和平解放西藏。

毛主席和朱德总司令对格达活佛的爱国热情表示赞许，并且通过刘伯承和邓小平二人邀请格达活佛先到北京参加新政协会议，然后再去拉萨面见达赖喇嘛。格达活佛感谢我爷爷的盛情，但认为要把解决西藏问题放在首位，所以坚决先去拉萨劝说成功再去北京拜会我爷爷。我爷爷同意了格达活佛的安排，并指示刘、邓二人沿途保护好他的安全。

1950 年 7 月，格达活佛率领白利寺僧众请愿团从白利寺向拉萨进发，请愿团肩负党中央和毛主席的重托，承载着几百万藏族同胞之福祉。对格达活佛的请愿之举，很多藏族地区喇嘛寺的活佛表示支持，特别是管理后藏地区的十世班禅，更是公开给党中央发电报表示拥护我军进军西藏。但是，也有不少反动农奴主，特别是代表农奴主利益的摄政活佛大札极度仇视格达活佛，视他为"藏人败类"，必欲除之而后快，他们更加仇视共产党和解放军。此外，英国希望西藏脱离中华民族大家庭，变成"独立国家"，派出间谍特务至拉萨与摄政活佛大札勾结，妄图使西藏独立。1950 年 8 月，格达活佛率请愿团到达昌都，摄政活佛大札下令昌都噶厦官吏将格达活佛软禁于昌都。不久英国间谍赶至昌都，下毒杀害了格达活佛。格达活佛遇害的消息使刘伯承、邓小平十分震惊，立即将这个噩耗上报北京，爷爷和朱德总司令对格达活佛的遇害深感悲痛和气愤，并认为格达活佛为藏族人民的解放而牺牲是光荣伟大的，对他的遇难表示沉重哀悼。

1950 年 10 月，大札活佛集结藏军主力于昌都，摆出与我军决一死战的姿态。爷爷和中央军委在北京坐镇指挥，刘伯承和邓小平在前线指挥，发起昌都战役。这一仗打得干净漂亮，重创藏军，彻底扫清了进军西藏的障碍。

1950 年底，大札活佛委派噶厦政府高官阿沛·阿旺晋美率西藏地方代表团赴北京与中央政府谈判，1951 年 4 月，代表团抵达北京。5 月，双方代表签订《中央人民政府和西藏地方政府关于和平解放西藏办法的协议》，西藏正式宣布和平解放。向西藏进军的各路解放军开进拉萨城，鲜艳的五星红旗在雪域高原迎风飘扬。

爷爷留下的宝贵精神财富

作为一代伟人，爷爷给我们留下了丰厚的精神遗产。其中，最重要的就是毛泽东思想。毛泽东思想是马克思主义中国化第一次历史性飞跃，从政治、经济、军事、哲学、文化各领域丰富发展了马列主义理论体系。爷爷和他的战友们开辟了以农村包围城市，武装夺取政权的新民主主义革命道路，取得了新民主主义革命的成功。新中国成立后，爷爷和战友们成功领导中国由新民主主义社会过渡到社会主义社会，随即领导中国人民进行大规模的社会主义建设。经过 20 多年艰苦奋斗，成功建立了社会主义政治、经济、文化制度，建立起比较完善的国民经济体系，为我们今天的改革开放伟大事业进行了充分的物质和思想精神准备。

爷爷和他的战友们缔造了伟大的中国共产党，将中国共产党建设成为伟大的马克思主义政党。遵义会议后，形成了以爷爷为核心的党的第一代中央领导集体。抗日战争时期，党中央从哲学高度批判"左"倾教条主义错误，经过延安整风运动，中国共产党确立了一切从实际出发、实事求是的思想路线和从群众中来、到群众中去的群众路线。在纪念张思德烈士的追悼会上，爷爷将全心全意为人民服务确定为中国共产党的最高宗旨。爷爷和他的战友们缔造了一支听党指挥，以毛泽东军事思想武装起来，忠于党和人民的伟大人民军队。这支军队永远代表人民利益，无论在任何时代，这支伟大的人民军队都能在伟大的人民战争中战胜强敌。

爷爷和他的战友们是终身热爱人民的伟大领袖。新中国的开国大典上，爷爷振臂高呼"人民万岁"。新中国的成立，开启了中国几千年文明历史中人民当家作主的历史新纪元。新中国成立后，全国人民代表大会成为最高国家权力机关，从中央到地方都建立了人民代表大会制。1954年，新中国颁布充分代表全国各族人民根本利益的宪法。爷爷和他的战友们所领导的社会主义经济建设，是促进我国社会主义生产力发展，并且完全符合中国人民根本利益的伟大创举。

爷爷和他的战友们是伟大的民族英雄。从1840年开始，中华民族饱受帝国主义列强欺凌，1949年中华人民共和国的成立，彻底结束我国一百多年来被帝国主义列强欺凌瓜分的悲惨历史，中国人民从此站起来了，中华民族从此自立于世界民族之林。新中国成立后，中朝两国人民在总兵力和武器装备极其悬殊的情况下，打败了以美帝国主义为首的"联合国军"；边防军彻底打败进犯西藏的印度军队；成功研制出"两弹一星"，极大提高了军队国防实力；成功恢复联合国的合法席位；和美、日两国恢复邦交正常化。爷爷和他的战友们所建立的炳彪日月的丰功伟绩，是他们留给中国乃至世界人民无比珍贵的精神财富。

（整理人：杜意娜）

他一贯就是这样，没有个人的物质追求，更不要生活上的享受。他在地位上、物质上、名誉上、职务上都没有什么追求，他追求的就是全国老百姓能够生活更好，中华民族能够更强盛。

周恩来（1898—1976），祖籍浙江绍兴，出生于江苏淮安，是伟大的马克思主义者，伟大的无产阶级革命家、政治家、军事家、外交家，党和国家主要领导人之一，中国人民解放军主要创建人之一，中华人民共和国的开国元勋，是以毛泽东同志为核心的党的第一代中央领导集体的重要成员。周恩来同志的一生，是为共产主义事业光辉战斗的一生，是坚持继续革命的一生，是我们全党全军全国人民学习的榜样。

初到中南海

我 12 岁的时候小学毕业，从天津到了北平，当时就感觉两个城市差异挺大的。天津到处都是西方列强的租界，又是港口城市，洋气的东西比较多，建筑形式中含有大量异国元素，西餐厅也比较多。到了北平，特别是我一来就到了中南海，全是中式的、古典的园林式建筑，差异确实挺大的。两个城市也有相同的地方，毕竟都是华北数一数二的大城市，比如它们的马路、商店和学校。

当时我伯伯和毛泽东主席住的两个院子是紧挨着的，都在丰泽园里。伯伯一直很忙，我爸爸带我进去的时候，伯伯不在，在院子里工作的叔叔带我去稍微转了一下。后来伯伯回来了，他坐在办公室里，我站到了他的面前，伯伯看看我说："来，我看看你像爸爸，还是像妈妈？嗯，都有点像。"

周恩来与 14 岁的周秉德合影。

然后他告诉我说："你伯母不在北京，她现在去上海了，你有什么事就跟在这里工作的叔叔们说，你就住在那个小房子。"那个一明两暗的平房里，一边住着伯伯的秘书杨超、罗选夫妇，连办公带住宿；另一边摆有很多书架，里边有各种各样的书，旁边有一张小床，我就在那儿住下。伯伯告诉我说："隔壁院子的毛主席经常在夜里办公，白天休息，所以说话声音不能大。"我把伯伯的话牢牢记在心里。

买新衣服被批评

我刚到北平的时候是夏天，只带了两身小裙子，后来天慢慢凉了，伯伯的卫士长成元功说给我做身衣服，就骑着自行车把我带到了王府井，做了一身黄色卡其布的上衣和裤子，同时又做了一身蓝棉布的衣裤。我穿上以后，伯伯问我：哪来的这身衣服？我说是成元功叔叔带我去买的，伯伯没说话。过了几天我又换另外那一身新做的衣服。伯伯说："怎么又是一身？"我说："还是上次做的，一起做了两身。"伯伯严肃地说："浪费。"然后，很不高兴地走开了。

我当时不理解伯伯为什么这样严肃，后来我才明白，当时的干部待遇都是供给制，没有工资。亲属们来了，住宿、吃饭、衣服全都是公家出钱，所以他就说浪费。他不愿意自己的亲属花费公家两份的服装费！

对于我父亲的工作安排，他指示要"职位低，待遇少"，因为我父亲是他的亲弟弟，我们共产党是为全国人民谋利益的，不能像国民党那样，亲属都高官厚禄；更不能像封建社会那样，一人得道，鸡犬升天。我父亲职位低，家里房子小，孩子多。伯父就让我住在他家西花厅一间公用的小房间里。

当时，由于我父亲工资低，家里人口多，伯父坚持常年用自己的工资补贴给我们。在他去世之后，我才知道，对我们的补助将近占了他实际收入的一半，令我发自内心的感动和敬佩！

邀请宋庆龄参加新政协

我伯母邓颖超于 6 月底带着毛主席和伯伯写的信去上海邀请宋庆龄参加新政协会议。毛主席写得很大气，邀请她一起共商国是，而我伯伯写的就是那种饱含尊敬和深情，恳切地希望她能够参加会议。伯父伯母与宋庆龄在 25 年前就相识，伯父 1924 年在黄埔军校担任政治部主任时，孙中山先生还健在，他们就跟宋庆龄有过交往。之后宋庆龄支持南昌起义，中国共产党的很多工作她都是在默默支持。很多革命青年、外国友人去延安，还有咱们的一些军需物资等等，宋庆龄都尽可能地给予帮助，伯伯非常尊重她，伯伯在信中很恳切地希望她能够到北平来，但宋庆龄是很怕到北平的，因为这里是孙中山过世的地方。经过再三考虑，她表态同意北上。中央为宋庆龄安排了火车专列，8月28日伯母陪同宋庆龄一行到达北平。

当时中央派伯母去邀请宋庆龄是有原因的。首先，她们同为女性。邓颖超在中国共产党20多年的斗争中，是妇女运动的领袖，资历深，能力也强，在共产党的女士当中是一位很重要的人物。其次，1925年孙中山在北京去世的时候，我伯母是天津群众运动的领袖，到北京来参加过孙中山先生的公祭仪式，那时候伯母就见过宋庆龄。再次，在国共合作时期，她和宋庆龄也有过很多交往。她作为中共广东省委的妇女部长，跟宋庆龄早就有所接触。另外，与我伯母一同前往的共产党员女干部廖梦醒还做过宋庆龄的秘书，廖梦醒的母亲何香凝跟宋庆龄的关系非常好，交往很深。这样的安排很亲切、很周到。

宋庆龄由上海抵达北平正阳门火车站（后左二为周秉德）。

宋庆龄乘的专列 8 月 28 日到达北平前门火车站时，毛泽东、周恩来、朱德等领导人都前往欢迎，我也跟着伯父一起去了。我是小孩子，走在后面跟随，他们这些大人们互相握手。后来我伯母一眼就看见了我，她说："你就是小秉德吧？"我说："大娘好！"我按照天津的习惯称呼，伯母说："就叫我'亲妈'吧。"她看见我挺高兴的，拉着我的手聊了些家常。从那时候开始我就经常叫她"亲妈"了，当时我也奇怪为什么要叫她"亲妈"，后来才知道伯伯在家里的大排行是老七，应该叫"七妈"。

团结党外人士　筹建新中国

周恩来跟党外人士的交往，团结了太多太多的人，所以很多党外人士都说认识了周恩来，就认识了共产党，相信了周恩来，就相信了共产党，像沈钧儒、李四光、钱学森等，很多人都是这种说法，他们觉得周恩来诚恳待人，他把共产党的形象、目标、前途都表达得很到位、很清楚，而且对人都是以诚相待，没有一点虚情假意。他团结了大量的党外人士，大家也都愿意跟着共产党走。

周恩来也推动了这些民主党派的成立和壮大，使他们的力量更大，声音更响，影响更广，所以民主党派对他是很亲切、很认可的，很愿意跟他交流，听取他的建议。特别是在抗日战争时期，民主人士起到了非常大的作用。到了解放战争时期，他们也是反对蒋介石独裁统治的主要力量之一。

在我的印象中，伯伯永远都是特别忙，基本上就没有什么休息时间。走路也很快，干什么事情也很及时。特别在政协筹备期间，就是一直忙，见不着休息。

伯伯经常跟各界人士召开各种各样的座谈会，包括文学界人士、科学家、青年学生等，广泛听取各方意见。新中国成立前夕，在干部安排的时候，伯伯非常注重邀请各个民主党派人士担任副总理、部长、副部长等职位。他提名黄炎培担任了国务院副总理、提名傅作义担任了水利部部长等等。伯伯在团结民主党派，尊重民主党派，以及发挥他们的作用上，是做了很多工作的。

伯伯非常关心各界人士，知道齐白石房子小，伯伯给他换了一个稍微大一点的房子，还在生日时为其祝寿。伯伯、伯母与文艺界很多人士关系好。比如与袁雪芬的关系也是很好的，袁雪芬是著名越剧演员，越剧发源于绍兴，虽然伯伯不是生在绍兴，但是他祖母是绍兴人，有时他也会坐船回绍兴、看越剧。后来袁雪芬到伯伯家西花厅也去过几次，我工作出差去上海的时候，伯母还委托我去看望袁雪芬。

勤俭节约的生活作风

伯伯从来不追求物质。1949年刚进北平城时，组织上要给他做些新衣服，他说："只做一身中山装，要粗呢子的。"必须得穿西服，就拿重庆、南京时候的旧西服改一改，加一点新的面料做前身，把拆下来的旧面料做后身。伯伯当了26年的国家总理，他一共只有两双皮鞋，这双破了，去修补，穿另外一双，那双破了去修补，再穿这双。给他买新鞋不要，新衣服也不要。他追求的不是个人的舒适，个人的享受。

伯伯出国访问时，尽管住的是皇宫、总统府，但穿的也还是旧的衣服，因为当时穿的是中山装，只是把衬衣穿破的领子和袖口换一换，看不到衣服里边。需要洗的时候又不能让人家看到，只好用小箱子装好送到使馆，请大使夫人们帮忙洗。洗的时候那些夫人们都在落泪，只能抓洗，不敢使劲，一使劲就破了，衣服太旧了。

洗后她们就拿了三件新衣裳，要总理换上。可是他不要。大使夫人们说："您是大国的总理，咱们国家不能这样，您还是穿上。知道您是不许随便动用外汇的，这可是我们用个人津贴给您买的，您一定要换上。"可是伯伯说什么也不拿，还是穿着破旧的衣服离开的。他一贯就是这样，没有个人的物质追求，更不要生活上的享受。他在地位上、物质上、名誉上、职务上都没有什么追求，他追求的就是全国老百姓能够生活更好，中华民族能够更强盛。

1949年10月3日，中苏正式建交。图为苏联第一任驻中国大使尼古拉·瓦西里耶维奇·罗申向中国政府领导人呈递国书。

与亲人的关系

按照邓颖超同志的资历、能力、人品，做一个部长应该是没有问题的，但伯伯不同意，他说："我在政府里，她不能够进入政府工作，需要另外安排。"所以后来组织上就让她去妇联任全国妇联副主席。

干部待遇上原来都是供给制，1955年改为工资制，涉及了定级问题。当时妇联主席蔡畅定为三级。在这些副主席中，我伯母应该是资历最高的，可是她跟人事说："蔡畅三级，不要给我定四级，给我定五级就好。"结果总理批复时，邓颖超只定了六级，伯伯对自己人向来是这样的。他自己的秘书在定级的时候，也都比毛泽东、刘少奇、朱德的秘书们要低一级或者半级。亲者严，疏者宽，这点也是他的一贯原则。他在工作上、生活上都是这样的，越是亲近的人，他要求越严格，对其他人都非常宽厚、周到细致。

我父母是3月份到香山去看望我伯父伯母的，伯伯在城里有事，很晚

周恩来与邓颖超的合影。

才回到香山跟他们见面谈话。

　　我父亲原来在天津市做外围工作，除了谈家常以外，就说起他自己的工作怎么安排。伯伯说："你的工作要由组织上来安排，不能由我来安排，先到华北大学学习培训。"经过学习，到了我父亲分配工作的时候，伯伯就跟我父亲的领导说："给他的工作职位要尽量低，待遇尽量少，因为他是我的亲弟弟。我们共产党人，不能跟国民党一样靠裙带关系，把自己周围人的职位都提起来，更不能像封建社会那样，把自己的三亲六姑都弄成高官厚禄，不行，我们是为人民服务，我是全国人民的总理，我们自己人就要压低。"我父亲的职位一直不高，职位低了，分到的房子就小。为什么我要在伯伯身边住？是因为我们家孩子多，我父亲那儿住不下，我才到伯伯那去住的。其实即使是国务院总理的房子里，也是三个人，三张小床而已，再没有别的什么。

　　　　　　　　　　　　　　　　　　　（整理人：陈宇蛟）

父亲的天津之行，对如何进行城市民主建设提出了一套经过深思熟虑的完整设想，指出管理好城市的关键在于理顺"四面八方"的关系，即：公私关系、劳资关系、城乡关系、内外关系。

刘少奇（1898—1969），湖南宁乡人，伟大的马克思主义者，伟大的无产阶级革命家、政治家、理论家，党和国家主要领导人之一，中华人民共和国开国元勋，是以毛泽东同志为核心的党的第一代中央领导集体的重要成员。刘少奇同志为中国革命和建设作出了重大贡献，为党和人民建立了丰功伟绩，受到全党全军全国各族人民衷心爱戴。

天津之行

1949年3月5日至13日，党的七届二中全会提出了建设新中国的一系列基本政策，绘就了新中国的宏伟蓝图。在会上，毛泽东告诫全体共产党人：务必使同志们继续地保持谦虚、谨慎、不骄、不躁的作风，务必使同志们继续地保持艰苦奋斗的作风。这次全会对中国共产党极具指导意义。我的父亲刘少奇在这次会上作了《关于城市工作的几个问题》的发言，号召"大家应努力学习解决"城市管理问题，"接收得好，还要管理得好，还要改造"。3月23日，中共中央离开西柏坡赶赴北平。3月25日，中共中央进驻香山并在西苑机场举行了解放战争时期人民解放军第一次公开阅兵。中共中央进驻香山后，父亲仍在践行他在七届二中全会上提出的关于接管城市的方针政策。为了全面宣传贯彻好党的七届二中全会精神，真正接收和管理好城市，他受中央委托赴天津考察。

1949年，刘少奇（右二）在天津塘沽考察。

1949年4月10日晚上，父亲一行乘火车抵达天津，黄克诚、黄敬、黄火青、吴德等天津市委负责同志到火车站迎接。他们被安排在近郊小刘庄的一座两层小洋房住下。因时间较晚，他们仅就如何汇报、考察等事宜进行了短暂交流，决定考察活动安排均由黄敬负责并全程陪同。父亲在天津的考察一直持续到 5 月 7 日。

父亲的天津之行，对如何进行城市民主建设提出了一套经过深思熟虑的完整设想，指出管理好城市的关键在于理顺"四面八方"的关系，即：公私关系、劳资关系、城乡关系、内外关系。这对于早期政权建设、民主管理等是有重要意义的。父亲说：城市的特点是集中。城市是市政府管理的，国家机器主要是警察、法院和监狱。接待来往人员有招待所，贷款找银行，管卫生有卫生局。这些事，街道干部管不了，也不该管。城市的基本组织是市党委、市政府和市民代表会。新民主主义社会的最好组织形式是人民代表会，不是资产阶级的议会，不是苏联的苏维埃，也不是过去的参议会，是人民管理政权。城市工作主要是工会工作和经济工作，要全心全意依靠工人阶级。中国共产党从城市到农村，多年同无产阶级是隔离的（除少数白区工作者外），现在由农村到城市，无产阶级还没有很好地组织起来，阶级觉悟也不高，如果组织不好，教育不好，所谓依靠就是空话。一流干部要分配到工会去，工会一定要解决工人的问题，否则就没有威信。

父亲在这段时间对新中国的经济建设进行了深入思考，并在 1949 年 6 月写成了《关于新中国的经济建设方针》。他认为，新中国的国民经济主要由五种经济成分构成：（1）国营经济；（2）合作社经济；（3）国家资本主义经济；（4）私人资本主义经济；（5）小商品经济和半自然经济。这五种经济成分是存在着矛盾和斗争的，这就是社会主义的因素和趋势与资本主义的因素和趋势之间的斗争，就是无产阶级与资产阶级的斗争。这个斗争将存在相当长的时期，也许要经过几十年。这个方针和时限，毛主席当时也表示赞同。

秘密访苏

1949 年 6 月初，叶子龙、吴振英到家里告诉我母亲，我父亲将出访苏联，要为他访苏准备些衣物，特来征求母亲的意见。他们帮忙买了皮箱和衣服，直到这时母亲才知道父亲要出访苏联。这是一次未经宣布的秘密访问，也是中苏两党间的第一次高级会谈。

1949年，刘少奇访苏期间留影。

6月26日，以父亲为团长的中共中央代表团抵达莫斯科。代表团成员到莫斯科后，受到斯大林和苏共中央政治局其他委员的接待。中苏会谈开始，父亲介绍了中国革命的基本情况，中国革命战争已经取得了初步胜利，新的政治协商会议即将召开，新民主主义国家的中央政府即将成立。同时，父亲还阐述了新中国的经济建设方针，并特别介绍了我党对民族资产阶级采取的态度以及外交政策。父亲表示：我们长期处在乡村的游击战争环境中，对外的事情了解不多。现在要治理这样大的国家，进行经济建设和外交活动，我们还需要学习很多东西。同时，父亲也要求苏共中央介绍政府各级机构的组成、职能及相互关系，并与有关负责同志谈了话。中苏代表团举行了几次会谈，对中苏建交、毛泽东公开访苏时间、苏联贷款、派遣专家帮助中国经济建设，以及开展中苏贸易等重大问题都达成了协议。斯大林完全肯定了中国人民民主专政国体及各项外交原则。会谈中，父亲介绍中国情况时，苏方全体政治局委员出席；讲军事形势时，苏方全体元帅出席。

大约7月底，斯大林在乡间别墅宴请中共代表团。席间，斯大林举杯祝酒：为学生超过先生干杯。父亲没有干这杯酒，他说，兄长永远是兄长。这不仅是出于谦虚，也因为他不愿意在这种时刻被人误解为中国共产党有意向"老大哥"的共产主义运动领导地位挑战。鉴于斯大林曾经说过"胜利者是不能审判的"，同时，据苏共党员反映，苏共党内有传言在说，南斯拉夫出现民族主义已很难办，中共胜利可能比南斯拉夫更难办。这种时候，这杯酒更是不能喝。父亲回国后，向毛泽东汇报时，说起没有接受这杯酒的事，毛泽东说"不接是对的"，并高度赞扬父亲此行的成功。

向书本学习 向实践学习 向群众学习

父亲主要强调三个方面的学习，一个是向书本学习，一个是向实践学习，一个是向群众学习。对于看书学习，父亲一生都在坚持。他从小就特别爱学习，整天抱着书看。而他在大家庭里排行老九，所以左邻右舍叫他"刘九书柜"。少年时，父亲陪洪姓地主家孩子读书。陪读期间，他废寝忘食，学得比地主家的孩子还好。后来姓洪的人家就一直重点资助和培养我父亲。父亲大家庭里排行第六的哥哥，参加过辛亥革命，有些进步思想，带了一些进步书籍回家。父亲如获至宝，如饥似渴地汲取这些新思想。后来父亲在学校学习，又参加了五四运动。他给自己取名刘卫黄，就是保卫黄种人的意思，可以看出他从小就很有理想与抱负。

1949 年，华东新华书店出版刘少奇著《论共产党员的修养》。

参加革命后，虽然环境险恶，但是只要有时间，父亲总是手不释卷。对于书本和文化知识的重要性，他的认识很明确。他曾说：有经验是一个长处，但受文化和理论水平的限制，就不能有大的发展，碰到问题有的能处理得好，驾驭得了，有的就不能驾驭，处理不好。没有理论，工作就是盲目、没有前途的。没有理论的人容易被"俘虏"，被人家天花乱坠的话所迷惑。对于向群众和实践学习，父亲尤其重视。他告诉我，向群众学习和向实践学习是紧密联系在一起的。向实践学习的过程，也是向群众学习的过程。他根据自己的亲身经历举例说：毛主席派我去安源煤矿时，我连井都还没下过，煤矿是什么样都还不清楚。罢工起来了，我就当了代表。我连夜要矿工把情况说清楚，他们说，我就听、记。实际上哪是我领导工人，是工人在领导我呀。这就是向群众学习，在革命斗争的实践中学习。革命领袖不是天生的，不是蹦出来就是领袖，他也是在学习中不断成熟起来的，而其中最重要的就是向群众学习。

在学习中，父亲还强调要注意深入浅出和学以致用。他说：深入浅出就是要真正学懂、弄通，抓住最核心、最本质的东西，然后用最朴实、最通俗易懂的话表述出来。学马列主义应该学原著、原文，而且要反复学，反复看，反复认识，加深理解。学以致用，也就是向实践学习，在致用的过程中加深了自己的理解，反过来再回到书本上，再去总结它。

严厉而民主的家庭教育

1949 年 8 月，刘少奇在莫斯科同在苏联学习的子女刘允斌、刘爱琴及朱德的女儿朱敏（右二）合影。

父亲对我们一直是很严的，从小就给我们定了严格的要求。比如，9 岁必须学会游泳、学会骑自行车，13 岁开始下乡劳动，每年逢暑假、寒假必须到农村或工厂劳动，到解放军连队锻炼。有一次在北戴河，我想下海游泳，可是到海边一看，风浪很大，下不去。父亲就说：浪这么大，你敢不敢下？我说不敢下。这时，父亲生气了，说：现在脱了衣服，下去！我只好脱了衣服，穿着裤衩下去。回来后，父亲问我什么感觉。我说在岸上看着很害怕，下去以后好像没有那么可怕了。父亲笑着说，这就对了，你要掌握水的规律，会游泳，不能一开始就害怕。

父亲的教育最重要的是心口如一。他是这么教的，也是这么想的、这么做的。他要求我们做的，他本人就是标杆。他也深深地疼爱自己的孩子，但是他知道怎么去疼，怎么去爱，绝对不会娇惯、纵容我们。在我的印象里他甚至有些太严厉了。他认为严厉教育是一种疼爱，所以要求子女必须接受锻炼，学会和人相处。他这种教育是完全自觉的、发自内心的。父亲对我们的学习，不是唯分数高低来评价。他跟我们这样讲：得 5 分当然好，谁也不能说 5 分比 2 分差。但是你们不一定非要得 5 分，当然也别得 2 分，3 分可以，4 分最好。读书没有必要为了 5 分就去死记硬背，我对你们的要求也不是让你去考"状元"，去考"探花""榜眼"，我是让你们当好一个合格的劳动者。你们应该多向群众学习，多向实践学习。你们应该去做工，去多学本事。做工，我也并不是说让你们必须做八级工，但是能够去争取好的，你为什么不向好的方向努力呢？他支持孩子全面发展，但是并不鼓励你一定去追求极致。绘画、音乐等，只要你有兴趣，他就非常赞成。他更多强调生活中的自理能力，跟大家融合、合作的能力，他反复教育我们怎么和群众相处的道理。他说：人是一种群体动物，你是脱离不了群体的，所以一定要学会怎么跟群体相处得更好。群体之中大家各有各的性质，怎么可能没碰撞，碰撞了以后你要能容忍，而且一定要经得住委屈和别人的误解。在与他人交往中，你不要老占小便宜，占小便宜的人一定吃大亏。1955 年，我的哥哥刘允若在苏联莫斯科航空学院读书时，由于和同学们相处不好，要求转学转系。父亲针对他暴露出来的一些思想问题，连续给他写了几封长信，进行批评教育，一再强调与人相处的问题。

1956 年以前，在中南海甲楼一层秘书的办公室里，有一台军用发报机改装的收音机，体积很大，也很粗糙。但在当时，这是稀罕物，我们几个孩子经常到这个办公室里收听广播节目。为了满足孩子们强烈的求知欲，一位秘书与负责改装这台收音机的总参谋部联系，希望能用这台大收音机换两台小的。总参那边不仅爽快地答应了，而且还送来了三台由他们组装的简易"小收音机"。秘书留下一台，送给卫士一台，剩下的那一台就放到了孩子们的房间里。一天，父亲在孩子们房间里发现了这台收音机，觉得奇怪，便问这是从哪里来的，我们如实地告诉了父亲。父亲就把那位秘书叫去，在问明情况后，他面色严肃地说："你们怎能随便向人家要东西呢！以后再不准随便接受别人的任何礼物，不准占公家的便宜，不准打我的旗号办不应该办的事。要来的这些东西，通通退回去。"于是，我们房间里的那台收音机又消失了。

我是在北京市实验二小念的小学。虽然离家并不远，但为了培养独立的生活能力，在我七岁那年，父亲就要求我在校食宿，我的姐姐妹妹也都住校。当时正值三年困难时期，学校伙食状况很差，天天吃红薯干。我实在吃不下去，有一个星期六，就把红薯干装在口袋里带回了家。结果，这一小块红薯干被父亲发现了，他严肃地问：这是什么东西？你把这个东西拿回来是什么意思？原来，父亲以为我是拿着红薯干找他告状的。我解释说自己在学校吃不了，拿回来吃。父亲就说："现在全国都非常紧张，你能吃到这个已经不错了，千万不能浪费。你拿回来是让我看看，我知道，但是，你们能吃到这个已经不错了。"当时，有一些叔叔阿姨跟父母提出："孩子们吃得太差了。现在正是长身体的时候，能不能让他们回家来吃饭？"学校的校长老师也如此提出。但是，父亲拒绝了，说："人民群众现在吃不饱，我们有责任，是我们没有领导好。让我的孩子们跟大家一样，也吃不饱，这样，将来他们长大的时候，就会牢牢记住，他们给人民做事的时候，绝对不能再让人民吃不饱饭了。"

在我的印象里，14岁以前我都是捡哥哥姐姐的衣服穿，小时候似乎没穿过不带补丁的衣服，我妹妹也一样。记得有一次，阿富汗的国王和王后到中国来访问，由我父亲和母亲接待。阿富汗王后提出：我要见见你们的孩子，跟他们吃一顿饭，照张相。这种要求很难拒绝。我母亲马上回来准备，给我们这几个孩子找衣服。可是，翻来翻去找不出一件不带补丁的衣服，怎么去见人家国王和王后呢？最后，我是从北京市一个少先队献花队那里借的衣服。我妹妹穿的是她自己的衣服，但裤腿上有一个小补丁，我们的老阿姨绣了一朵小花给补上了。后来,我妹妹在照相的时候腿还得交叉,以便把它挡上。当时确实找不到一身合适的没有补丁的衣服。那时候穿的鞋子往往张开了口子,还要凑合着多穿些时间,最高兴的事之一就是换新球鞋。我用的那个旧铁皮铅笔盒还是姐姐传给我的,已经用得很旧了,以至于后来不得不用橡皮筋绑着用。

父亲的一生是为人民服务的,他在处境最艰难时留下的遗言,至今让我刻骨铭心:"我过去曾多次对你们说,对一个人来说,最大的幸福是得到人民的信任。取得人民的信任是不容易的。人民信任你,你就不能辜负人民。"

（整理人：杜意娜）

追忆朱色情怀与高尚德风

口述人：朱德之孙朱和平

"德"是一个人的精神追求和行为规范，爷爷的"德"是共产党人的政德，注入了信仰的元素，这个信仰就是为人民利益而奋斗，在任何艰难险阻面前，把党和人民放在第一位。

朱德（1886—1976），四川仪陇人，伟大的马克思主义者，伟大的无产阶级革命家、政治家、军事家，中国人民解放军的主要缔造者之一，中华人民共和国的开国元勋，是以毛泽东同志为核心的党的第一代中央领导集体的重要成员。朱德同志为中华民族的独立和解放，为新中国的建设与发展，呕心沥血，建立了不朽功勋，深受全党全军全国人民的爱戴和崇敬。

一生学习，一生向前

爷爷一生当中给老百姓、给全党留下最多的印象，是一位叱咤风云的军事将领，其实他也是我们党内的学习标兵。爷爷从小家境贫寒，全家节衣缩食供他一个人上学，所以他的求学经历是非常不容易的。爷爷在上学的时候，由于家里穷买不起书，甚至连购买笔墨纸都很困难。他上学要走很远的路，所以就养成了一个习惯，他会在上学这一个多小时赶路的过程中反复背课文，一直背到进了私塾或者进了课堂，在回家的路上对于当天学到的新知识也仍然反复地背，他对学习知识的欲望是非常强烈的。

我们党在延安时期曾经开展过学习运动，并把马克思的生日5月5日定为"干部学习节"，在第一届"干部学习节"中，爷爷就被推选为"模范学生"。中共中央进驻香山以后，我们党的角色面临从革命党向执政党的转变，过去在战争年代形成的很多经验、做法甚至理论都需要更新，因此他们做得最多的一件事就是学习，从思想上、理论上做好执政的准备。进驻

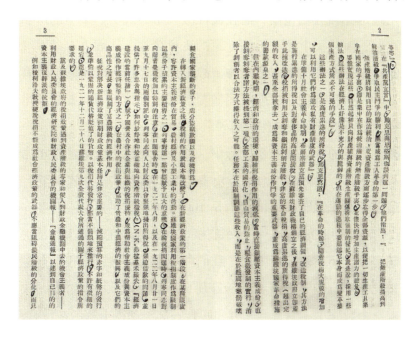

朱德翻阅过的《苏联新经济政策时期的财政金融政策》。

香山后，爷爷曾经强调进城是个大事情，从负责同志到勤务人员都要认真学习，在实践中学习，在工作中学习。

爷爷看书有个特点，不是一目十行，而是逐字逐句，一边看一边琢磨。我们捐赠给香山革命纪念馆的《苏联新经济政策时期的财政金融政策》这本书，封面上有爷爷的亲笔签名，书中做了大量批注，基本上他看过的书都是这样的。所以我们可以看出来，中国共产党在领导中国革命战争的征程中、在探索中国道路的征程中，是靠什么领导全党全军不断从胜利走向胜利的呢？没有什么捷径可走，就是一条，学习学习再学习。

以全新作战思想指挥渡江战役

香山期间，爷爷在军事工作上做的第一件事就是指挥渡江战役。渡江战役不同于三大战役，三大战役都是我军陆军对国民党军陆军主力的作战，而渡江战役是人民解放军陆军面对国民党军的海陆空三军立体协同作战。在三大战役的时候，人民解放军对作战环境较为熟悉，有人民群众支援，可以利用地形穿插分割包围，而在渡江战役中，战士们乘坐的木船在江面上毫无遮蔽，而且头上还有国民党军的飞机轰炸，江面上有敌军舰的炮火压制，江对岸还有倾泻而来的炮弹，战士们乘坐的木船实际上没有任何抵抗能力，一发炮弹就能让木船瞬间倾覆。在这种情况下，要想取得渡江战役的胜利，必须要有全新的作战部署。

在渡江战役的筹划和准备过程中，爷爷主要是配合毛泽东主席做战略决策和战略指挥，渡江战役总前委负责组织具体落实。从宜昌至上海1800公里防线上，我军准备投入的兵力是100万，而国民党军沿江驻守的兵力是70万，空军飞机280多架，海军舰艇120余艘。在江面上作战关键是制空权、制海权，还有炮火、弹药，我们能不能取得渡江战役的胜利，光靠勇敢不怕死是不行的，必须要科学筹划、科学决策。所以首先是决定谁来打，要求三个野战军（二野、三野和四野一部）都得上阵，在没有制空权、制海权的情况下，首先要保证兵力上不能吃亏。第二，要以空间换时间，尽可能地把战线拉长、把攻击范围扩大，让敌人不好集中兵力、火力来防御，所以渡江战役的进攻范围从湖口到宜昌，整个战线宽度达到了1800多公里。第三，在怎么打的问题上，要使我军的部队尽可能地分散，渡江的船只也尽可能分散，在真正突击的时候，要分期分批，尽可能地扩大范围拉开距离，以减少伤亡。最后就是在什么时间打，渡江作战的整个筹备过程是非常紧张的，因为长江4月下旬以后就要进入汛期了，江水上涨后小帆船就无法过江，所以必须要在汛期到来之前发起渡江战役。渡江战役总攻时间选定在4月20日是经过深思熟虑的，包括国共和谈的政治因素、长江水文变化的情况、渡江作战的筹备工作等，天时地利人和所有的条件具备了，一鼓作气渡江，最终获得了胜利。

人民解放军东集团军奋勇渡江。

矢志不渝筹建人民空军和人民海军

香山期间，爷爷在军事工作上做的另一件非常重要的事就是筹建人民空军和人民海军。人民解放军从八一南昌起义一直到取得全国解放战争的胜利，一路走来，就是靠战士的两条腿，小米加步枪打天下。在解放战争时期要解放全中国，要在世界上站起来，没有强大的空军和海军是不行的，所以建立空军和海军刻不容缓。1949年4月23日，驻守在南京的国民党海军海防第二舰队25艘舰艇上的1270余名官兵宣布起义。同日，驻守在镇江的国民党海军第三机动艇队23艘炮艇，400余名官兵宣布起义。当天，毛泽东主席和朱德总司令决定立刻成立中国人民解放军华东军区海军，并任命张爱萍为司令员兼政委。在此之前的3月24日，毛泽东主席和朱德总司令曾给当时起义的"重庆"号官兵发去贺电提出，中国人民必须建设自己强大的国防，除了陆军，还必须建设自己的空军和海军。

早在党的七届二中全会上，爷爷就曾明确提出人民解放军要建立自己的空军。1949年7月上旬，他向中共中央书记处提议，派学生去苏联参加空军培训，6个月即可毕业。后来，毛泽东主席就此事致函周恩来，可考虑选派三四百人去苏联参加飞行员培训，同时购买飞机一百架左右，连同现有空军组成一个空军部队。爷爷认为，没有制空权的军队就要被动挨打，没有制空权的国家必然遭受侵略。他特别强调，建设空军是刻不容缓的事情，不管有多少困难，非好好地办不可。

朱德在北平南苑机场视察第一个飞行中队。

1949 年 8 月 15 日，中国人民解放军空军第一个战斗中队在北平南苑机场成立了。这个中队只有 17 架在战争中缴获的飞机，成员是原来在新疆培养的那些宝贵的飞行员，再加上个别国民党军起义的飞行员，这就是新中国成立之前，我们真正的空军部队。9 月中旬，爷爷在聂荣臻的陪同下亲自视察南苑机场，检阅了准备参加开国大典的航空队，并详细询问了他们的工作、生活、战斗情况，亲切鼓励大家为建设人民空军多作贡献。

重视新中国经济建设

我的爷爷一直非常关心经济建设问题。早在 1928 年湘南起义的时候，爷爷就领导成立了 8 个苏维埃政权，并建立了枪械局，发行了"劳动券"，成立了苏维埃政府，那个时候爷爷就开始领导经济工作了。因为当时共产党没有取得政权，人民军队没有经济来源，如果不搞经济，不抓生产，不解决货币，不解决商品交换、流通，部队就没法生存。爷爷对经济工作的重视既是因为战争的需要，也是人民军队建设发展的需要。抗战时期，爷爷从前线回到延安以后，一看延安没吃没喝，经济非常困难，就立刻跟毛泽东主席建议，把三五九旅调到南泥湾开荒种田，于是轰轰烈烈的大生产运动就开始了。可以说，对经济工作的重视贯穿了他的整个革命生涯。

1949 年，随着战争进程的推进，越来越多的大城市获得了解放。在党的七届二中全会上，毛泽东主席提出要实现党的工作重心从以农村为中心转向以城市为中心。怎么完成转变呢？当时我们党的主要力量都在军队，所以军队要带头转。因此，爷爷在香山期间抓经济工作实际上就是抓军队的转型建设，军队落实了中央的任务，全党的转型工作就成功了一半。军队转型工作有几个方面，首先是接管城市。人民解放军解放第一个大城市石家庄后，爷爷很快就去石家庄考察，开始研究怎么管理城市的问题。因为这些大城市没有党的组织，即使有也很薄弱，还是要靠军队去恢复和建立党的组织，管理城市各项工作。到了香山以后，爷爷在聂荣臻的陪同下去考察北平的工厂和老百姓的生活物资供应，他强调一定要把城市管理好、建设好。第二个方面的工作是将军队就地转成生产建设兵团。人民解放军解放了大片国土后，一部分军队继续担任战斗任务解放全中国，而留守的部队主要负责接收、管理大城市，同时进行生产。第三个方面的工作是部队整建制地转变为国家工业生产的核心力量。在整个解放战争中，爷爷亲自组建了铁道兵和工程兵，这两支部队从战争年代开始就是直接参加恢复经济与发展生产工作的。在香山期间，爷爷的主要精力就是领导人民解放军完成作战任务，在力所能及的情况下领导军队直接投入经济发展工作，先行支援国家建设。

团结民主人士，巩固统一战线

在党的第一代领导集体中，爷爷的经历是比较丰富的。他有 13 年的旧民主主义革命经历，在加入中国共产党之前已经是同盟会中响当当的人物，是陆军中将军衔，可以说他和民主党派以及国民党内一些人有着千丝万缕的联系。很多人是他的朋友，很多人是他的同学、战友，还有一些曾经是他的老师，他们曾经在一个阵营里工作长达 13 年。抗战时期，他又结识了很多国民党军高级将领，比如张治中、卫立煌、阎锡山等等，所以爷爷在我们党的统一战线工作中有先天的优势。在整个新政协的筹备过程中，毛泽东主席也委托我爷爷去做很多民主人士的工作，其中比较突出的有两位，一位是张澜先生，一位是黄炎培先生。

张澜先生跟我爷爷的渊源比较久，他们都是四川南充人，张澜早年留学日本，回国以后被聘为顺庆府官立中学堂正教习兼教务长。1905 年，年仅 19 岁的爷爷私塾毕业以后，就考上了张澜先生创办的顺庆府学堂。当时新式学堂都是有钱人才能上的地方，一般的老百姓上不起。爷爷在上学的时候，仪陇离顺庆府 100 多里地，他是穿着草鞋步行过去的，由于家境贫寒，连买书的钱都没有。张澜先生很关注这个学生，在后来的整个学习过程中给予我爷爷无微不至的关照，提供了很多便利，使我爷爷能够顺利地完成学业。正是张澜先生对我爷爷的这种关心和培养，使他们双方都留下深刻印象。

　　从顺庆府毕业以后，我爷爷与张澜先生有 40 余年没有见过面，但是这份师生情谊一直延续下来了。在几十年的革命征程中，张澜先生始终关注着中国共产党，关注着我爷爷。我爷爷也始终惦记着这位当年的启蒙老师。

　　1949 年 5 月，张澜先生在上海被国民党特务劫持，党中央立刻派人解救。经过我们党和社会各界的共同努力，张澜先生安全脱险。随后，毛泽东主席和我爷爷给张澜先生写信邀请他来北平参加新政协会议。6 月 14 日下午，张澜先生突破重重险阻最终来到了北平，我爷爷亲自到前门火车站迎接，重逢的两人非常激动。张澜先生身体不太好，到北平以后，中央为了照顾他特意安排他住进了颐和园。颐和园离香山很近，爷爷就经常利用工作之余去看望张澜先生。张澜先生和其他民主党派的很多领袖一样，虽然对中国共产党很佩服，对毛泽东主席很敬重，但他们对共产党执政以后可能出现的问题有所疑虑。在一次谈话中，张澜先生问，国民党在没有取

得政权之前是革命党，取得政权以后很快就腐化了，那么共产党掌权以后，怎么能够解决这个问题呢？爷爷毕恭毕敬地回答，老师爱护我党真是发自肺腑，老师可以放心，我们有办法，我们要紧紧依靠人民群众，不断发扬民主，以保证我们党少犯错误或者不犯错误。

1949 年 7 月，朱德与张澜在中南海。

　　黄炎培先生跟爷爷也有很深的友谊和渊源。黄炎培先生当时是民主建国会的主席，也是一位伟大的教育家。1917 年，他在四川创办了中华职业教育社，是中国现代教育特别是现代职业教育的开拓者。在新政协筹备会第六次会议上，由我爷爷

牵头，他俩共同写了一个提案，建议把职业教育写入《共同纲领》教育章节中。爷爷早年有留学欧洲的经历，并且对欧洲的现代工业进行过深入考察，欧洲之所以能够成为全球工业化的诞生地，就是因为欧洲的职业教育是非常发达的。所以他和黄炎培老先生共同提出来要在《共同纲领》教育章节中加上职业教育这一条。

《共同纲领》起草过程中的很多提案，有的是共产党提出来的，有的是民主党派提出来的，还有的是共产党和民主党派共同提出来的，这些提案当时都经过了充分的酝酿和讨论。尽管发展职业教育这个提案极具前瞻性，但是由于当时没有通过会议表决，最终没有被采纳。通过这件事就可以看出来，当时在《共同纲领》的起草过程中，协商的过程是既充分又很民主的。

红色的品德

我们党的第一代中央领导集体既是伟大的无产阶级革命家，同时他们每个人也有不同的性格特点和个人特质。如果用一个字来形容我的爷爷朱德，是"德"，海纳百川，厚德载物，这个"德"字是全党共同认可的。毛泽东主席曾称他"临大节而不辱""度量大如海，意志坚如钢"。习近平总书记 2018 年 3 月 10 日参加十三届全国人大一次会议重庆代表团审议时曾指出，领导干部要讲政德。政德是整个社会道德建设的风向标。立政德，就是要明大德、守公德、严私德。老一辈无产阶级革命家朱德就是这么一位讲政德的光辉典范。他的一生可谓海纳百川、厚德载物，其崇高的人格风范最后浓缩为一个"德"字。这是习近平总书记代表全党对我爷爷人格风范的高度概括。

我从出生八个月起就在爷爷身边长大，一直陪伴到他去世，我也是在参加工作很多年以后，才慢慢体会和感悟到朱德的"德"字的含义。"德"是一个人的精神追求和行为规范，爷爷的"德"是共产党人的政德，注入了信仰的元素，这个信仰就是为人民利益而奋斗，在任何艰难险阻面前，把党和人民放在第一位。回想爷爷的一生确实是这样的，在所有重大历史关头，他都能守住党的利益的底线，守住党的政治规矩的底线，时时刻刻以一名共产党员的标准来要求自己，艰苦朴素，谦虚谨慎。正如斯诺在《西行漫记》里对他名字的解读，朱德即是"红色的品德"。

（整理人：温晓丽）

『人民的骆驼』任弼时在香山

口述人：任弼时之女任远征

父亲一生不追求那些虚浮的东西，一辈子为党和人民操劳，看似什么都没有，其实他永远活在人民心中，他的革命精神和他为之奋斗的党和人民的事业共存。

任弼时（1904—1950），湖南湘阴（今属汨罗市）人，是伟大的马克思主义者，杰出的无产阶级革命家、政治家和组织家，中国共产党和中国人民解放军的卓越领导人，是以毛泽东同志为核心的党的第一代中央领导集体的重要成员。任弼时的一生，是光辉的一生、战斗的一生，为党和人民事业奉献了自己全部心血。

从西柏坡到香山

1949 年 3 月 23 日，新华广播电台播出《中国共产党七届二中全会完满结束》的新闻。就在这一天，毛泽东带领中共中央机关和中国人民解放军总部离开西柏坡，启程迁往北平。那一年我 13 岁，父亲、母亲、我和弟弟我们一家人就在这支迁徙的大部队中。毛泽东等中央领导人和中央机关工作人员的车队共有 11 辆小汽车和 10 辆大卡车。第一辆吉普车是带路的前导车，第二辆是毛泽东乘坐的中型吉普车，中央警卫团的手枪连和一个步兵排分别乘坐大卡车，担任沿途护卫任务。

就这样，车队浩浩荡荡地离开西柏坡，沿着公路向东北方向驶去。我们一家人乘坐一辆中型吉普，是车队的第八辆车。车子没有窗户，我们坐在中间，周围都是黑的，外面什么也看不到。这时候父亲的身体情况已经很不好了，血压很高，经常躺着。在车行途中还发生了一次险情，我们一家乘坐的中型吉普车轮胎卡在山坡上，导致车子熄火，车轱辘也快掉了，差点翻下山。但父亲没有因为这个事情惊动主席，让司机很快把车修好，算是有惊无险。

3 月 25 日凌晨，主席和父亲他们到达了北平清华园车站，然后乘汽车到颐和园休息，下午要在西苑机场阅兵。因为父亲的身体不好，傅连暲医生建议他不要参加西苑阅兵。中央考虑到这是解放战争以来第一次公开阅兵，社会各界都有代

1949 年 3 月 25 日，中共中央机关和中国人民解放军总部进入北平，在北平西郊的西苑机场检阅中国人民解放军。图为任弼时在阅兵式上。

表参加，考虑到政治影响，最后还是决定让父亲参加阅兵。为了以防万一，派医生任玉洪在身边照顾。父亲顺利参加了西苑阅兵，在吉普车上检阅了中国人民解放军部队，我想那时候父亲的心情一定是自豪和激动的，同时内心一定更加坚定了要把新中国建设好、发展好的信念。

阅兵结束后，中共中央机关和中国人民解放军总部进驻香山，我们一家人也在香山居住下来。香山是中共中央迁入中南海前的临时办公地点，对外称"劳动大学"。第一次到香山给我的印象就是这个地方很高，那时候我们住在来青轩，当时最让我们这些小孩子高兴的是香山有电了，在西柏坡是没电的。

时刻不忘工作

中共中央到了香山之后，父亲主要是做一些跟青年运动、青年团体相关的工作。这段时间他总是头疼，尤其是到晚上的时候，父亲就让我跟弟弟给他按摩头部，妈妈和工作人员负责照顾他吃药。因为父亲工作特别忙，而且一心扑在工作上，如果没有人提醒的话，很容易就忘记自己是个病人，忘记吃药。3月31日，父亲抱病参加接见并宴请第四野战军师以上指挥员和干部的活动，欢送他们下江南。事后，傅连暲医生看出我父亲体力实在不支，劝他赶快休息，这时父亲才说："等公务稍加清理后，即搬到玉泉山休养所去。"

香山时期，父亲为青年团全国代表大会写了长达一万两千多字的报告。4月11日，中国新民主主义青年团第一次全国代表大会在北平开幕，全国300余名代表欢聚一堂。4月12日，父亲代表中共中央抱病向大会作政治报告，他在报告中强调，中国共产党是"中国青年最好的领导者和保护者"，保证党对团的正确领导是"中国青年运动正确地向前发展的决定因素"。作这种长篇的政治报告，对父亲的体力来说，是超量的负荷。他讲完一部分后，开始感到头晕、心悸和气喘。休息的时候，许多同志关心他的健康，建议由别的同志代为宣读讲稿。他遗憾地接受了这个建议，但是不

任弼时在中国新民主主义青年团第一次全国代表大会上作政治报告。

肯中途退场。后来由担任中央青委的荣高棠代他宣读时，他坚持坐在主席台上，直到会议结束。

4月18日，中国新民主主义青年团第一次全国代表大会闭幕的当天下午，因父亲病情加重，中央决定让他放下全部工作，移住到玉泉山休养所，专心治疗、休养。父亲有"三怕"：一怕工作少，二怕花钱多，三怕麻烦别人。因此，他不惯于过安闲的疗养生活，所以在玉泉山养病期间，父亲实际上还在坚持工作，每天要秘书给他念20分钟的电报，因为电报是关于解放军进军的情况，他有时还要查看地图。父亲在生活中富有浪漫气息，多才多艺，他爱文学，喜欢弹琴，能挥笔作画，医生们便建议父亲多做些此类活动以放松精神。但是，当他独

任弼时使用过的小提琴。

冀东新华书店印行的《中国新民主主义青年团第一次代表大会上任弼时同志政治报告》（1949 年 5 月）。

自在屋子里时，他总是抱着书本读书，医生发现后，他便立刻把书放下。

5 月 8 日，父亲出现了昏迷的症状，医生分析，可能是眼底血管出血引起的。这时，新政治协商会议筹备会即将召开，中央书记处的其他成员正在与已经到达北平的民主人士紧锣密鼓筹划新中国建立的各项事宜。在这种紧张繁忙的时刻，毛主席还专门派人送给父亲一缸红鱼，并致亲笔信："弼时同志：送上红鱼一群，以供观赏，敬祝健康！"小小的红鱼，寄托着毛主席和我父亲之间的深情厚谊。

通过广播收听开国大典实况

因为父亲血压太高，中央担心他在现场太过激动引起疾病进一步恶化，所以没有批准我父亲亲临现场参加开国大典。我当时在八一小学就读，跟着学校去现场参加了开国大典。那时候我和我们班同学在天安门底下坐着，清楚地看到了开国大典的盛况，也亲耳听到了毛主席在天安门上的讲话，那时的我内心无比激动。

晚上 7 点多，我兴奋不已地蹦进休养所。爸爸、妈妈、姐姐、弟弟都在等着我回去。父亲拄着拐杖，在母亲的陪同下在休养所大门口等着我，连晚饭都没吃。我进家门后，气都没喘均匀，就讲起来开国大典的过程和天安门上的场景。其实我说的这些，父亲和母亲已经通过收听天安门城楼传来的实况转播知道了，但父亲还是一直在等待我回家，向他讲述我亲眼所见的盛况。因为对于父亲来说，这一刻真的太重要了，值得永远铭记。开国大典宣告新中国成立意味着他毕生追求的梦想已经实现了一半，另一半的梦想就是要把一个贫穷落后的旧中国建设成社会主义的现代化强国。

开国大典的当晚，我们在家里唱歌，父亲坐在钢琴前，一曲接一曲地弹奏，从《咱们工人有力量》《国际歌》到《你是灯塔》《没有共产党就没有新中国》，父亲此时完全陶醉在了慷慨激昂的旋律中，陶醉在胜利的喜悦中。

赴苏联治病

后来，父亲的病情越发严重，中央决定让他去苏联治病。在出国前制装和买东西，父亲始终秉持着节省的原则。那时候国家没有规定出国制装标准，出国前制装和买东西，父亲又大方又限制。必须用的东西，从头到脚都让买；但衬衣之类只许买两件，说有一件换洗的就行了；冬天的衣服只许买一件大衣。当时父亲为了节省国家资源，尽量减少随行人员。他主动提出家属一个都不带，因为父亲会讲俄语，所以译员也不需要，卫士也不需要，只带刘佳武医生就可以了。后来中央决定，加派朱子奇任秘书，跟随我父亲一起去苏联。所以，父亲在苏联治病期间，身边是没有我们家属陪同的。

1949年11月末，父亲在一位苏联医生陪同下，和朱子奇、刘佳武一行四人乘坐国际列车启程，卫士长郭仁把他们护送到满洲里。12月上旬，他们一行人抵达莫斯科。父亲在苏联进行了大概半年的治疗，在1950年5月回到了北京。我记得特别清楚，当时在站台上，母亲带着我们几个孩子早早等候着父亲的专列抵达。父亲下车后，我们就回到了景山东街的寓所。

苏联医生建议我父亲回国后，每天工作时间不能超过四个小时，星期日必须全天休息。中共中央在参考了医生的建议以及我父亲的要求后，让父亲恢复了工作。父亲这时候就像是一个离开战斗岗位很久的老战士重返一线一样，觉得有许多事情需要马上去做。他立刻就听取中共中央组织部和团中央的汇报，详细了解目前工作发展和安排，特别是对邻邦朝鲜的战局和美帝国主义在中朝边境的挑衅，他极为关注，每天阅读电报，查看地图，实际工作时间远超过四个小时。

长期的艰苦斗争和超负荷的工作严重透支着父亲的身体。1950年10月

25 日，父亲的病情突然严重恶化，在医生的抢救下也没有好转，两天后，父亲去世了。父亲虽然去世了，但是他的教导一直留存在我的脑海中，父亲一直叮嘱子女："我们打下了天下，你们要建设天下。一定要好好学习。"我们几个子女一直都遵从父亲的教导，相继完成大学学业，在自己的岗位上兢兢业业，把自身的知识和力量奉献给国家。父亲一生不追求那些虚浮的东西，一辈子为党和人民操劳，看似什么都没有，其实他永远活在人民心中，他的革命精神和他为之奋斗的党和人民的事业共存。

（整理人：石碧兰）

第 二 篇

对党忠诚　革命到底

新中国法制建设的开拓者

口述人：董必武之孙董绍新

在了解爷爷一生经历的过程中，让我感触最深的是，他处理一切问题时永远能保持"公心"，所谓"公心"就是党和人民的利益高于一切。

董必武（1886—1975），湖北黄安（今红安）人，中国共产党的创始人之一。抗战时期，曾任中共中央南方局副书记、中共重庆工委书记等职，解放战争时期曾任华北人民政府主席等职。新中国成立后，历任最高人民法院院长，中华人民共和国副主席、代主席等。

爷爷从小就博览群书，这主要是得益于他父辈的熏陶，爷爷的父亲和四叔都是前清秀才，学识渊博。辛亥革命后，爷爷决心要寻找新的革命道路，于是东渡日本学习法律，也就是在日本留学期间，爷爷开始接触马克思主义。

法治思想的形成过程

爷爷的法治思想是创造性地将马克思主义国家与法的理论与中国革命和建设的实际需要相结合的产物，是在他长期的革命实践活动中逐渐形成和完善起来的。1913 年爆发的反对袁世凯的"二次革命"失败后，爷爷东渡日本留学，考入东京私立日本大学攻读法律，其间受孙中山的委派回国参加革命活动。1917 年二次赴日完成学业，并开始接触马克思主义思想。完成学业回国后，他继续以律师的身份为掩护从事革命活动。1920 年秋，他与陈潭秋等在武汉创建了党的早期组织，而后参加了党的一大。

大革命时期，爷爷主持制定了《惩治土豪劣绅暂行条例》和《审判土豪劣绅暂行条例》，这是他首次将法律这一特殊武器运用到中国革命的实践中。土地革命战争时期，1928 年至 1931 年，爷爷进入莫斯科中山大学和列宁学院系统学习马克思主义理论，因成绩优异，苏联方面曾希望他留校任教并从事研究工作，但被他婉言谢绝了，他坚持要回到深爱的祖国进行革命实践活动。1932 年回国后进入中央革命根据地。爷爷在担任中华苏维埃共和国最高法院院长期间，通过大量的立法和司法实践，为革命根据地的巩固和发展奠定了基础。1948 年到 1949 年，在担任华北人民政府主席期间，其法治理念逐渐成型。

在 1956 年 9 月召开的中共八大上，爷爷在发言中提到："公安、检察、法院和一切国家机关都必须依法办事""有法可依""有法必依"，标志着其"依法治国"的法治思想最终确立。爷爷是一个具有深厚的马克思主义理论功底、系统的法律知识和丰富的法律实践经验的革命者，他是一个纯粹的革命者，寻求一条民族解放和民族独立的道路是他永远的人生目标。

担任华北人民政府主席

1948 年 8 月 7 日至 19 日，华北临时人民代表大会召开，董必武出席并致开幕词。图为延安《群众日报》关于大会情况的报道。

1948 年，随着人民解放战争的节节胜利，特别是石家庄等重要城市的解放，晋察冀和晋冀鲁豫解放区连成一片，中共中央和毛泽东遂决定成立华北局和华北人民政府。经过四个多月的筹备，1948 年 9 月 26 日，华北人民政府成立，爷爷被选举为华北人民政府主席，政府驻地位于河北省石家庄市平山县王子村。

华北人民政府成立后的第一件大事就是全面进行政权建设。爷爷工作异常忙碌，带领各部门集中全力调研，探索制定各类行政规章制度。他主持召开的党组会大部分时间都在审查重要的法令、规章制度。短短 13 个多月，华北人民政府颁布 260 多项法令、法规、训令、通则等，为中央人民政府成立做了思想、组织，特别是法制准备。1949 年 2 月，华北人民政府进入北平办公。

华北人民政府虽然只存在了一年多一点的时间，但它却具有重要地位，它是中央人民政府的前身，为新中国的建立作出了突出的贡献，包括恢复解放区的经济，大力发展工农业生产，在人力、财力、物力上为人民解放战争提供源源不断的支援；为新中国的政权建设进行了有益的探索，积累了实践经验；成立中国人民银行，发行人民币，对稳定老解放区的经济，迅速恢复新解放区的经济发挥了重要作用；大力发展教育、培养干部、吸收各类人才，为新中国的成立和后续建设奠定人才基础；在文化、艺术、卫生方面进行了大量的工作，取得了显著的成绩。

法制建国的践行者

1949 年 9 月 21 日至 30 日，中国人民政治协商会议第一届全体会议在北平中南海怀仁堂举行。9 月 22 日，董必武在会上作《关于草拟中华人民共和国中央人民政府组织法的经过及其基本内容》的报告。

1949 年 7 月 8 日，成立了由爷爷担任召集人的中央人民政府组织法大纲起草委员会，起草委员会由五人组成，负责起草政府组织法的初步草案。7 月 9 日，起草委员会召开第一次全体会议，推定爷爷为大纲起草人，其他委员以书面方式提供意见。草案拟出后再详细讨论。7 月下旬，爷爷提出了政府组织法草案的初稿，后又经过了多次讨论修改，于 9 月 17 日在新政协筹备会第二次全体会议上原则通过了中央人民政府组织法草案，准备提交中国人民政治协商会议第一届全体会议审议。9 月 21 日，中国人民政治协商会议第一届全体会议开幕，9 月 22 日，爷爷作为筹备会第四小组组长在会上作《中华人民共和国中央人民政府组织法的草拟经过及其基本内容》的报告。9 月 27 日，会议通过了《中华人民共和国中央人民政府组织法》。

至此，爷爷圆满完成了政府组织法的起草工作。

掌权不谋一己之私

在了解爷爷一生经历的过程中，让我感触最深的是，他处理一切问题时永远能保持"公心"，所谓"公心"就是党和人民的利益高于一切。

1944 年元旦，中国共产党中央委员会公开电贺爷爷六十大寿，电文中这样说道：

你过去的革命奋斗贯穿了辛亥、五四、北伐、内战一直到抗战的各个历史阶段，为中华民族解放写下了光荣的史迹。你是中国共产党创始者之一。三十二年来，你经历无数艰辛，始终不息地为党工作。

1944 年元旦，中共中央电贺董必武六十大寿，对他的历史功绩给予高度评价。图为《新华日报》以整版篇幅发表的中共中央祝寿电及各界人士的祝寿诗文。

那时候爷爷正在重庆，两天后，他在回复中共中央的贺寿电文中说："不管在什么地方，不论在什么时候，要毫不犹豫地坚守着中央分配给我的岗位。"他是这么说的，更是这么做的，并在家书中教育亲属老实做人、踏实干事。

1949 年 3 月 5 日，在新中国成立前夕，毛泽东在党的七届二中全会的报告中告诫全党："中国的革命是伟大的，但革命以后的路程更长，工作更伟大，更艰苦。这一点现在就必须向党内讲明白，务必使同志们继续地保持谦虚、谨慎、不骄、不躁的作风，务必使同志们继续地保持艰苦奋斗的作风。"我爷爷当时任华北人民政府主席，对这句话有着很深刻的认识，并通过书信为家乡亲属讲解革命的道理和共产党的作风，特别是教导他们彻底转变对劳动生产的不正确认识。

1949 年 5 月，爷爷收到一封家书。他的堂侄董良埙写信来说家人患病、自己失业，家中生活十分困难，希望通过爷爷谋取一份劳少酬多的工作，以维持家中老小生活。7 月 17 日，爷爷忙中抽空给堂侄写了一封回信。他在信中告诉堂侄，社会上有一种旧观念就是鄙视劳动，现在革命了，必须纠正过来，我们应该以劳动生活为光荣。

信寄出后，由于各种原因，对方并没有收到。其间，董良埙又再次来信诉说请求。9 月 13 日，爷爷再次给他回信，耐心教导他劳少酬多的思想是要逐渐革掉的。寄生生活更不能延续下去，我们共产党人所领导的革命，和过去的改朝换代不同。爷爷把他介绍到武汉的一个工厂工作。工厂按照董良埙实际能力，安排他在"供给制"岗位工作。一段时间后，董良埙对这份工作不满意，再次给爷爷写信，诉说工作太辛苦，报酬也很少，干下去没有什么前途，请求调换一份劳少酬多的"薪水制"工作。收到来信，爷爷严词拒绝了堂侄的不合理要求。

新中国成立初期，红安老家的不少亲友看爷爷当了政务院的副总理，纷纷写信向他提出安排工作、调动工作、照顾生活等请求。对此，爷爷一律回信婉言拒绝，同时还向他们讲清不能给予照顾的道理。爷爷在回信中指出：安排、调动工作应向组织请求，不能向个人请求；鄙视劳动，想不劳动或少劳动而有较好的享受，是陈腐的甚至是很坏的旧观念；做工作不是为了做官，而是要为人民大众谋利益，人民大众的利益问题解决了，革命者个人利益的问题也就在其中解决了；决不能把革命、入党作为个人谋利益的手段。后来，爷爷干脆写了一封通函，打印出来，分别寄给亲友，对他们事先进行教育。之后，找爷爷办私事的亲友越来越少了。可以说，安分守己，努力工作，是爷爷要求亲属的一条原则。

爷爷是一位把人民的利益看得高于一切的人，爷爷的一生是光辉的一生，战斗的一生，是追求真理、献身理想的一生，爷爷是后辈一生追寻和学习的榜样。

（整理人：王园）

当时他已经63岁了，但是为了筹备新政协，建立新中国，兢兢业业，不辞劳苦。为了勉励自己，他在日记本写下了"为人民服务，为世界工作"这十个大字，并且郑重地盖上了自己的印章。外公的一生也正是这几个字的真实写照。

林伯渠（1886—1960），湖南安福（今临澧县）人，是中国共产党最早的一批党员之一。著名的无产阶级革命家、教育家。新中国成立前，先后任中华苏维埃共和国临时中央政府国民经济部部长、财政部部长，陕甘宁边区政府主席、中共陕甘宁边区中央局常委、中共中央西北局常委等职。新中国成立后，先后任中央人民政府委员会秘书长，全国人民代表大会常务委员会第一、二届副委员长。

到东北迎接民主人士进北平

1948 年 11 月，中央给西北局发电，要将外公林伯渠调到中央，当时他是陕甘宁边区政府主席。电报的大概内容是：因新政协召开在即，临时中央政府即将建立，东北人民政府亦将建立，拟请伯渠来中央工作，并准备去哈尔滨参加政协。这个电报是 1948 年 11 月 3 日发的，四天以后，西北局电复中央：林伯渠在年前赶到中央。

1949 年 1 月北平和平解放后，新政协准备在北平召开。外公到中央后接受的主要任务就是筹备召开新政协，他先是去沈阳接民主人士进北平。因为外公曾是同盟会的会员，也算是国民党曾经的元老，所以他在国民党里面有一定的地位和人缘，和民主人士比较好沟通。1949 年 2 月 14 日，外公离开西柏坡，两天以后到达沈阳，到沈阳的当天就开始广泛地接触民主人士。当时在沈阳的有 30 多位民主人士，包括中国国民党革命委员会的李济深，中国民主同盟的沈钧儒，还有中国民主促进会的马叙伦以及其他民主党派、人民团体、无党派民主人士，如谭平山、彭泽民、郭沫若等人。他几乎跟所有的人都见面，介绍我们党关于筹备新政协、建立新政府的方针政策，征求他们的意见。

民主人士离开沈阳前在火车站合影。

1949 年 2 月 19 日，李富春召集在沈阳的民主人士开了一个全体会议，外公在会上讲话，代表党中央欢迎他们到北平共商国是，并且还征求大家关于赴北平行程的意见，最后在会上商定 23 日启程前往北平。2 月 23 日,他们坐火车离开沈阳,24 日晚抵达天津,25 日到达北平,当时 100 多人在车站欢迎他们。26 日,外公跟民主人士一起参加了在中南海怀仁堂举行的欢迎大会。27 日,外公离开北平到西柏坡参加党的七届二中全会。

林伯渠(右一)与民主人士郭沫若(右二)、马叙伦(右三)、李济深(右四)、沈钧儒(右五)等在怀仁堂举行的欢迎大会上。

拟定继续保持艰苦奋斗作风的《入城守则》

1949 年 3 月 5 日,党的七届二中全会开幕。外公在七届二中全会上做过一个发言,表示完全同意和拥护毛主席在会上的报告,并对这次会议的重大意义讲了自己的看法。他说我们党"前十四年有'八七'与六大,后十四年的三个会议有遵义、七大和此次会议,非常的伟大。毛主席思想被全党了解后,党的事业就不同了。遵义会议转变危机,七大意义更大,党空前团结,能掌握全国形势,《论联合政府》及军事报告,完满地指出了方向。这次会议由量变到质变，军事上很明显，现有三百多万军队，打了这么多的大胜仗。政治上先有分散政权，现在统一起来，多年的乡村经济，现在接收城市"。他认为这次会议是历史的转折点，也可以说是城市工作会议。

所以，外公编写《入城守则》的背景是基于他认为党的七届二中全会是一次转变，是工作重点从乡村向城市的转变。在转变的过程中，对每个人都是有要求的，当然对他自己也是有所要求的。《入城守则》是写在一张印有"陕甘宁边区政府用笺"的红色办公用纸上。在这张纸上，正面和背面都写了字。他首先在右上角写了"入城守则"四个字，然后还特别在这四个字下面画了一条线，意思是重点理解。

他在背面写的内容是：以能问于不能，以多问于寡，有若无，实若虚。（方法尚可，未必个人主义，改求正确观点，用此方法。）为德日益（科学实践），为道日损（整风学习、批评与自评），梦境即为旧意识潜存之反映，如何缩小与排除旧意识作用的范围、吸取新思想而代替它，还须用一番苦功，立下下面六条勉力遵行：1. 不做旧诗；2. 不持手杖；3. 不吸纸烟；4. 每天挤时间读书报；5. 每天挤时间散步；6. 尽可能地接近实践与实践（原意或实际与实践）。

"以能问于不能，以多问于寡，有若无，实若虚"是引用《论语》中的《泰伯》篇里的一段文字，提醒自己和战友，即使自己能力很强，知识很广，也要善于"问于不能，问于寡"。"有若无，实若虚"是曾子的观点，告诫自己和同志们，要始终保持谦虚、不自满的态度。"为德日增，为道日损"源自《道德经》，意思是说一个人德的内涵要不断地积累，德的水平要不断地提升，离不开科学实践。

他在这张纸的正面写的是：高高在上，渺渺予怀。高而无位，亢不得众。提纲挈领，拉朽摧枯。涤秽荡垢，如汤沃雪。"高高在上"是出自《诗经》，"渺渺予怀"是出自《九章》。"高而无位，亢不得众"是出自《庄子》，这句话的意思是说一个人如果把自己看得过于高贵，他就会在人民心中失去位置，他就会失去群众。"涤秽荡垢"源自韩愈的《八月十五赠张功曹》，诗中原词是涤瑕荡垢，意思是清除旧的恶习。

外公编写《入城守则》是为了提醒自己继续保持艰苦奋斗的作风，一切依靠人民，一切为了人民。这也和他离开延安时在欢送大会上的讲话精神是一致的。他在欢送大会上向各级领导干部和广大共产党员提出，要树立全心全意为人民服务的思想，克服经验主义和官僚主义；要防止胜利冲昏头脑，要继续为将来的工作奋斗；要把眼光放远大些，团结好民族资产阶级和爱国民主人士；要站稳脚跟，发挥共产党的先锋作用。

北平和谈

党的七届二中全会以后，中共中央从西柏坡出发进北平，3 月 25 日抵达北平，然后在西苑机场参加了阅兵。26 日，中共中央决定派以周恩来为首席代表，林伯渠、林彪、叶剑英、李维汉（4 月 1 日加派聂荣臻）为代表组成代表团，和南京国民党政府代表团举行和平谈判，并通过广播电台，通知南京政府于 4 月 1 日派代表团来北平参加谈判。4 月 1 日下午，南京政府和谈代表团首席代表张治中，还有邵力子、黄绍竑、章士钊等代表都到了北平，住在六国饭店。他们到的当天晚上，周恩来和外公就跟国民党和谈代表见面并开始谈判。

4 月 1 日至 12 日，这个过程是双方代表个别交换意见。外公跟南京的每一位代表和顾问，都分别做了很长时间的交谈，他本着当时中共中央提出来的八项条件，逐一征求南京国民党政府代表们的意见。对方的意见主要集中在第一条，就是惩办战犯，他们觉得这一条肯定不能签字，因为他们不知道谁脑袋上就顶了个战犯的罪名，而且他们还说蒋介石在抗日战争中也是有些功劳的。后来外公就跟他们谈，以铁的事实严词驳斥他们的荒谬观点，最后使对方无话可说。后来在这个问题上，中共中央顾全大局，提出了对部分战犯的宽大政策。

4 月 13 日晚，外公参加了在中南海勤政殿举行的第一次和谈会议。第二天，外公又和南京国民党政府的代表就新政府的机构名称问题和我军渡江时间问题交换意见。15 日晚，又进行了第二次和谈会议，周恩来正式提交了《国内和平协定（最后修正案）》，而且正式提出渡江时间问题，实际上等于给南京国民党政府下了最后通牒，如果该政府在 4 月 20 日以前不在协定上签字，我人民解放军立即渡江。4 月 16 日，南京国民党代表团派代表黄绍竑和顾问屈武带着文件回南京签字去了。结果到了 4 月 20 日，南京国民党政府拒绝签字，于是当天晚上，人民解放军百万大军强渡长江天堑，4 月 23 日占领了南京。至此，外公参与的北平和谈宣告结束，他又转入筹备新政协的工作。

筹备新政协

在筹备新政协的过程中，外公做了很细致的工作，他同各民主党派、人民团体负责人及无党派民主人士进行了广泛的接触，还多次向毛泽东、周恩来汇报，请示并探讨有关召开新政协的问题。1949 年 6 月 15 日至19 日，新政协筹备会在北平召开，外公参与了很多次会议，作了很多发言。他主要谈的一个问题是新民主主义必须由无产阶级来领导。他还谈到政协、政府和人民代表大会这三者的关系，认为"政协是协商的机关，协商好了之后，交政府去执行。人民代表大会是最高权力机关，其选出之政府是权力机关也是执行机关，另外有政协来帮助政府"。他的发言得到了大家的赞同。新政协筹备会选出了毛泽东、周恩来、朱德、李济深和林伯渠等 21 人组成的筹备会常务委员会。会议还决定，筹备会闭幕以后，一切

镌刻着林伯渠题款的《中国人民政治协商会议第一届全体会议代表签名册》封面。

筹备工作由常务委员会负责进行，它的工作重心第一个是拟定新政治协商会议的各种文件，第二个是推进并促进全国社会科学、自然科学、教育、新闻等人民团体的筹备工作，并协助成立全国文化艺术界联合会，第三个是根据会议通过的《关于参加新政治协商会议的单位及代表名额的规定》，协商各单位的代表名单。会后，外公全力投入了这三个方面的工作。8 月下旬，原来的筹备会常务委员会秘书长李维汉摔伤住院了，我外公同时又兼任了秘书长的工作。此后，他非常繁忙，参加各种各样的会议。当时他已经 63 岁了，但是为了筹备新政协，建立新中国，兢兢业业，不辞劳苦。为了勉励自己，他在日记本写下了"为人民服务，为世界工作"这十个大字，并且郑重地盖上了自己的印章。外公的一生也正是这几个字的真实写照。

主持开国大典

1949 年 10 月 1 日，中华人民共和国中央人民政府成立，外公被推选为中央人民政府委员会秘书长。下午 3 时，首都 30 万军民云集天安门广场，隆重举行开国大典。外公担任开国大典主持人，他以洪亮的声音宣布："中华人民共和国中央人民政府成立典礼开始！"毛泽东主席向全世界庄严宣告："中华人民共和国中央人民政府今天成立了！"军乐声中，毛泽东亲自接动电钮，第一面五星红旗在新中国的首都冉冉升起。欢呼声中，54 门礼炮齐鸣 28 响。接着，毛泽东主席宣读了中央人民政府公告，朱德总司令下达了中国人民解放军总部命令，命令全军迅速解放全国一切尚未解放的国土。

面对广场上迎风招展的彩旗和欢乐的人群，站在毛泽东身后的外公，静静地听他用洪亮的声音宣读中央人民政府公告。从同盟会起走过漫长而曲折道路的外公，满怀激情，欢呼着新中国的诞生。他高兴地观看了阅兵式和五彩缤纷的节日焰火，直到晚 8 点半才离开天安门。

作为中央人民政府秘书长的外公，立即投入到新中国建设之中，日理万机，鞠躬尽瘁，为团结全国各族人民、恢复国民经济、巩固新生的人民共和国而日夜操劳着。

（整理人：杜意娜）

挥师过大江　解放大西南

口述人：刘伯承之子刘蒙

　　父亲的一生，经历了中国革命战争的全过程。他判断敌情准确，计划战斗周密，善于出奇制胜，是不可多得的帅才，同时关爱将士，是我们后辈永远学习的榜样。

■■■■■■　■　■　■

　　刘伯承（1892—1986），四川开县（现重庆开州区）人。中国人民解放军的缔造者之一，伟大的无产阶级革命家、军事家。1926年加入中国共产党，相继参加了北伐战争、八一南昌起义、土地革命战争、长征、抗日战争、解放战争等。新中国成立后，历任中共中央西南局第二书记、中央人民政府人民革命军事委员会副主席等。

我的父亲刘伯承元帅是重庆开州人。1911年，当辛亥革命的风暴席卷神州大地之际，他毅然选择了从军之路。他的一生可以说是身经百战，或者说何止百战，但父亲从来都不愿意讲述自己的功绩。

挥师过大江

1949年9月30日，中国人民政治协商会议第一届全体会议决定，为了纪念在人民解放战争和人民革命中牺牲的人民英雄，在首都北京建立人民英雄纪念碑。在人民英雄纪念碑上有七个浮雕，面对天安门最正面那幅大的浮雕是"胜利渡长江 解放全中国"，大小相当于别的浮雕的两倍。可见渡江战役是一个非常重要的历史事件，它是渡江战役总前委领导二野、三野和四野的一部参加的一场重要战役。

1949年初，父亲在河北省平山县西柏坡参加了中共中央政治局会议，父亲在会上针对渡江作战和夺取全国胜利等问题作了发言，他着重讲了四个问题：一是前年我们跃进式的进军是"品"字形的中央突破，这次渡江是一字长蛇阵齐头并进。在最后胜利时，稳健地集中使用兵力，真正讲是最快的。二是开辟新区的组织问题。在未出动前最好就有一套地方党政及军区的配备，这是马上得天下，马下治天下。实行军政府、军事管制。三是正规化。现在是转变关头，如何正规化，如何着手，看来只有首先从司令部着手，只有加强司令部才能组织战争。四是野战军与后方问题。这四项意见，表明了他对渡江战役及夺取全国胜利的总体设想。

2月，父亲被任命为第二野战军司令员。随后，渡江战役总前委成立，父亲也是总前委成员之一。他们立即投入紧张的渡江准备工作中，组织二野、三野、四野的一部训练准备近三个月。3月31日，总前委根据中共中央和毛泽东指示，制定了《京沪杭战役实施纲要》。第二野战军组成西作战集团，第三野战军组成中、东两个作战集团，第四野战军第十二兵团在武汉钳制白崇禧集团，并策应第二、三野战军渡江。4月8日，父亲下达了《第二野战军渡江作战基本命令》。他正确地分析判断了敌人的江防部署，决心以三个兵团并列在贵池至马当间宽约 100 公里的正面渡江，将安庆东西地段作为重点，实施突破。

4 月 20 日，南京国民党政府拒绝在国共双方代表团达成的《国内和平协定最后修正案》上签字，毛泽东、朱德随即发出了向全国进军的命令。4 月 21 日，第二野战军参与渡江的全体指战员和船工冒着敌人的枪林弹雨，在马当至贵池间约 100 公里的宽正面上强渡长江。第二野战军最快的船只用了十五六分钟就过了江，后续部队也随之源源不断地成功登岸，摧毁了敌人的

1949 年 2 月 11 日，中央军委决定，由刘伯承、陈毅、邓小平、粟裕、谭震林组成总前委（邓小平任书记），统一指挥渡江战役。图为渡江战役前，刘伯承在布置作战任务。

长江防线。正如毛泽东在《七律·人民解放军占领南京》这首诗所描述的，渡江战役是中国五千年历史上真正的"百万雄师过大江"。我父亲从 1949 年初就一直忙于参与筹备、指挥人民解放军渡江，所以，有很多人问起为什么他没有参加党的七届二中全会，实际上是因为毛泽东让他在前线专心准备渡江作战布置工作。

渡江战役的准备是一次集紧急训练、情报收集、综合分析、制定方案于一体的复杂过程。父亲当时就发出指令，要求各部队战斗准备工作必须善于收集船只；组织部队作渡江战斗的演习；侦查南岸敌人的防御配备并进行周密研究，争取在如此长的战线上同时渡江的情况下，针对敌人的弱点作出重点突击的部署；组织集中的炮火以支援渡江的步兵，使他们免遭敌人舰队、重炮和坦克的阻碍。我们要避开敌人认为我们最可能突破的点，

敌人重点防御的点。另外，我们要作战，对于水手的训练也是很重要的。要把数千名船工训练成勇敢、熟练的渡江舵手是一项艰巨的组织和教育工作，如果船工不能与战士们同生共死，对整个战役都会造成严重影响。当时通过形势政策教育，船工们认清了个人翻身与革命前途的关系；通过诉苦运动，唤起了船工们的阶级觉悟，激发了他们在解放全中国历史任务中奋勇争先的光荣感和使命感。

进军大西南

渡江战役后，国民党军主力丧失殆尽，仅剩下的150余万兵力已溃退到华南、西南和台湾等地，企图凭借这些地区，继续顽抗。1949年5月23日，中共中央军委和毛泽东对各野战军作出了进军部署。9月11日，又对进军华南和西南作了周密的部署，指示第二野战军和第四野战军对白崇禧和西南各敌均采取大迂回动作，插至敌后，先完成包围，然后再回打。

我们常说"蜀道之难，难于上青天"，所以解放西南是非常不容易、非常艰难的。中共中央任命父亲为西南局第二书记，邓小平、贺龙分别为第一、第三书记，全面领导西南的工作。

8月19日，按照中共中央和毛泽东的部署，我父亲和邓小平发出《进军川黔作战的基本命令》，决定以第三兵团第十军和第五兵团直出贵州及川南，截断敌人退路；以第三兵团主力直出川东南，聚歼重庆及川东之敌，尔后协同贺龙指挥的由陕入川的第十八兵团等部攻占全川。第四兵团已随第四野战军进军广东，尔后直出云南。9月初，第二野战军开始向湘西、鄂西开进。他们向西南进军的速度非常快，11月30日就解放了重庆。

在军事打击的同时，我父亲和邓小平还积极开展对敌人的政治攻势。12月9日，国民党云南省政府主席卢汉、西康省政府主席刘文辉、西南军政长官公署副长官邓锡侯、潘文华等，分别率部在昆明、雅安、彭县宣布起义。

父亲在川军十几年，同许多川军将领都很熟悉。在进军西南之前，父

刘伯承（右）、邓小平（左）、张际春在第二野战军指挥部。

亲就在国民党川军中做了许多工作，对于策动他们起义，起到了很重要的作用。国民党军政人员的起义和投降，大大加快了解放西南的进程，避免了更大的破坏和损失，更好地保护了人民的生命和财产安全。

起义投诚部队的中下层人员，由于受到国民党特务的蛊惑、欺骗，普遍担心算旧账。特别是在诉苦运动中，部分军官惶惶不安，害怕过不了关。父亲亲自出面做他们的工作。他在有关的会议上，反复说明改造工作的意义，讲明了党的政策，给旧人员以信心。父亲的这些工作，安定了原国民党军政人员的情绪，使改造和整编能够顺利完成。

1950 年 2 月，为了迅速粉碎内外反动势力分裂中国神圣领土西藏的阴谋，父亲和邓小平、贺龙一同颁发了《进军西藏政治动员令》，部署了进军西藏的工作。而西藏地方政府在外国势力的支持下，妄图以武力阻止解放军进军西藏。1950 年 10 月，在中共中央的统一部署下，父亲和邓小平、贺龙率部发起了昌都战役，藏军 6 个代本全部和 3 个代本大部被歼，1 个代本起义。昌都战役的胜利为和平解放西藏奠定了基础。1951 年 5 月 23 日，西藏宣告和平解放。

关爱前线战士

古代兵书对将者提出"冬不服裘，雨不张盖"的要求。1937年一二九师举行抗日誓师大会的时候，父亲统率的部队不过万人，天下着大雨，他"雨不张盖"。1949年7月7日，在南京举行阅兵仪式时，又是下雨，这时他统率的部队已达几十万人，仍旧"雨不张盖"。第二天的南京《新华日报》对阅兵典礼的报道，有这样一段："天正下着雨，而刘司令员却几次拒绝了警卫人员送上去的雨衣。他淋着雨，注视着从台下经过的战士的行列。队伍行进得很缓慢，刘司令员这时

1949年7月6日，人民解放军在南京举行盛大阅兵。图为《新华日报》关于南京举行阅兵式的报道。

向李达参谋长说：'步伐还可以加速一些，战士们都没有带雨具'。"

父亲的一生，经历了中国革命战争的全过程。他判断敌情准确，计划战斗周密，善于出奇制胜，是不可多得的帅才，同时关爱将士，是我们后辈永远学习的榜样。

（整理人：王园）

从平津战役到创建中国空军

口述人：刘亚楼之女刘煜鸿

无论是组建部队还是作出其他各种决定，父亲总是从全局来考虑，从怎么能激发、调动广大指战员的积极性和作战热情来考虑，为空军的长远发展作出了很大的贡献。

刘亚楼（1910—1965），福建武平人，1929年加入中国共产党和中国工农红军。参加了中央苏区历次反"围剿"斗争和长征。曾任师政委、师长、抗日军政大学教育长、东北野战军参谋长、天津前线指挥部总指挥、四野第十四兵团司令员。新中国成立后，历任空军司令员、国防部副部长等职，为全面加强空军正规化建设发挥了重要作用。

平津战役中的传奇父亲

平津战役发起后，中央军委电令林彪、罗荣桓、聂荣臻统一指挥东北、华北两军区野战军参战。之后父亲担任了天津前线总指挥。当时的国民党天津警备司令陈长捷非常猖狂，自以为天津守备很坚固，"固若金汤"，可以抵抗三个月到半年，所

1949 年初，刘亚楼在指挥平津战役。

以在和我党、我军谈判的时候，拒不接受我们提出的放下武器、无条件投降的要求。

关于多久可以打下天津，父亲当时认为解放军经过辽沈战役以后，实力有了很大的发展，在质量和数量上都超过了国民党的军队，也取得了一些解放大城市的经验。另外，经过天津地下党的长期工作，我们对天津的城防、工事，包括对城里的各个重要据点的火力都有了详细的了解。所以，当林彪问我父亲多长时间可以打下天津的时候，我父亲回答 30 个小时就够了。他的回答让林彪、罗荣桓和聂荣臻都感到很吃惊，他们原来估计可能要用 2—3 天。林彪说那我们就按 30 个小时上报，我父亲说还是按着 3 天上报，我按 30 个小时来掌握。最后，人民解放军 29 个小时就取得了解放天津的胜利。

组织北平入城式

1949 年 1 月 31 日，北平和平解放。2 月 3 日，人民解放军举行了进驻

北平的盛大仪式。我父亲是北平入城式的总指挥，他和时任东北野战军领导的林彪、罗荣桓，以及北平军事管制委员会领导叶剑英、聂荣臻等一起在前门城楼上观看了入城式。入城式非常隆重，部队有的开着坦克，有的骑着马，浩浩荡荡地从前门外一直进到北平城里。

当时毛主席还特别交代入城的部队要到东交民巷去走一圈。因为东交民巷有很多外国领事馆，也有很多外国机构，如银行、医院等，还有很多过去留下来的美国驻军兵营、英国驻军兵营等，那里曾是帝国主义横行霸道的地方。所以当我军拿着武器雄赳赳地从东交民巷经过的时候，对这些外国人员也是一个极大的震撼，宣告了那段屈辱的历史彻底结束。他们有的跑到街上来看，有的不敢到街上看，就从窗户或者是门缝看。部队除了经过东交民巷之外，还经过了北平的很多街道、胡同，当时居民都出来欢迎，有的举着小旗子，唱着歌，有的扭着秧歌，还有很多的青年学生非常高兴地登上军车的车门踏板，跟着解放军一路唱歌、欢呼，欢迎解放军入城，欢庆古都的新生。

迎接中共中央进京"赶考"

1949年3月，中共中央决定进驻北平，当时四野的部队已经接管了北平的管理、防务、安全保卫等各方面的工作，所以迎接中央机关和中央军委机关进驻北平的任务交给了四野的部队。为此，政委罗荣桓和我父亲派出保卫部长率汽车团的20余辆汽车去西柏坡迎接，接着，在北京饭店专门召开了有关部队的领导会议，布置迎接中共中央和毛主席进京的各项任务。

会上就沿途警戒及保密问题作了规定，提出警戒任务要按照最高级别来布置，沿途排长、连长、营长、团长要亲自站岗，师一级的干部也要在重点位置上坚守岗位。警戒任务一律不许打电话，不许发电报，所有命令都要用汽车或者是骑兵来传达。当时，各指战员接到任务后都非常兴奋，觉得能把中央机关和中央军委机关平安护送到北平很自豪，所以大家都特别重视这个任务。

3月23日，毛主席一行从西柏坡乘车向北平进发，沿途经过涿县，部队在涿县住了一晚。当时驻守涿县的部队是四野五纵，那么多的中央领导住在纵队所在的驻地，是历史上少有的，所以驻地指战员都非常激动，一晚上都在加强警戒和战备。当晚因为住在涿县的部队很多，条件也比较艰苦，据说五纵就给中央机关和中央军委机关的领导们做了一顿鸡蛋面，这在那时算是很好的饭菜了。

25日凌晨，我父亲乘车赶到涿县亲自迎接毛主席，主席一见到我父亲就很高兴地说："10年未见的刘亚楼来接我们进京'赶考'喽！"当时，我父亲还不太理解进京"赶考"的含义。周恩来补充说："主席在离开西柏坡时说，我们进北平，是去接受考试的，共产党将要领导全国政权，这是一种新的考验，我们不能学李自成。"之后朱德就风趣地说："要是考不好，我们就要退回到延安去了。"可见中央领导集体对进京"赶考"非常重视，大家满怀喜悦地准备进京。

之后，我父亲护送主席一行乘火车从涿县出发前往北平，其他部队还是乘汽车由涿县向北平开动。除了坐汽车的，还有骑马的，骑毛驴的。除了中央机关和中央军委机关之外，还有一些直属单位以及一些在延安出生的革命后代也一起进京。

25日清晨，毛主席到达北平清华园车站，之后换汽车到颐和园稍事休息，下午参加了西苑机场阅兵。

西苑机场阅兵，四野提前几天做了准备，从驻扎北平的四纵中挑选了一些取得英雄模范荣誉称号的部队和英模人物代表组成受阅部队。

受阅的部队有坦克兵、炮兵、摩托化步兵以及步兵团，还第一次有军乐团奏响军乐。参加阅兵的队伍里，除了各军的旗帜之外，还有很多奖旗、锦旗。毛主席是下午5点之前到达西苑机场，首先亲切会见了参加阅兵仪式的首都各界代表、民主人士以及国民党起义将领，然后和大家一起参加了阅兵式。

我父亲是阅兵总指挥，阅兵开始时，他向毛主席敬礼报告，之后登上毛主席所乘的吉普车站在主席身后，双手扶着敞篷吉普车的把手护卫着毛主席，检阅部队。我父亲向毛主席介绍"塔山英雄团"，毛主席举手敬礼。整个阅兵气氛非常高涨、隆重，给所有参加阅兵的人都留下了终生难忘的印象。

受命组建空军

解放全中国，非常需要建立海军和空军。1949年年初，中央政治局在《目前形势和党在一九四九年的任务》中提出"1949年及1950年我们应当争取组成一支能够使用的空军"。

1949年4月中旬，第四野战军遵照中央军委的命令，由平津地区出发南下。父亲因处理原东野司令部的一些移交工作和组建第十四兵团机关，暂留北平。5月，正当父亲准备率第十四兵团挥戈江南，投入解放中南地区的战斗时，突然接到中央军委的通知，让他到毛主席的住地领受新的任务。一到毛主席的住地，主席就开门见山地对我父亲说："刘亚楼，你仗打得不错，你打了几十年的仗，又到苏联吃了好几年的洋面包，学习了军事，现在我们面临着解放全中国，要建立空军，让你负责组建空军怎么样？"当

时，我父亲完全没有思想准备，因为他没有干过空军，一直是搞陆军，在苏联学的也是陆军，从来没搞过，怕搞不了。但主席看出了我父亲的顾虑，便说道：你有文化，在过去参加红军之前，你就当过小学教员，又参加了几十年的革命斗争，到苏联又去学习过，对苏军也比较了解，这个还是你来做合

1949年11月，空军司令员刘亚楼（右）、空军政委萧华（左）与罗荣桓（中）的合影。

适。我父亲一看这种情况，也就接受了毛主席的委托和任命，但是他在思想上还是觉得任务艰巨，怕搞不好，他又找了周恩来和罗荣桓说了内心的担忧。周恩来和罗荣桓鼓励他还是要把重担挑起来，最后我父亲接受了这一项艰巨而又光荣的任务，成功组建空军，并成为第一任空军司令员。

赴苏谈判为空军长远谋划

1949 年 8 月，父亲一行四人出发去苏联。当时他们是坐火车从北平出发，经过哈尔滨、满洲里，然后换乘苏联的火车到达赤塔，从赤塔再换乘一架运输机飞往莫斯科。在飞行过程中，因为是逆风，飞机又比较小，飞的高度也不高，经过贝加尔湖上空的时候就颠簸得很厉害。由于是第一次坐飞机，再加上强烈的颠簸，父亲晕机了，很快就吐了起来。之后这就成了一个笑话，就是空军司令员晕机。但后来经过不断的锻炼，父亲逐渐克服了晕机，遇到一些不稳定天气，如雷雨天气，他也都能适应。

父亲此行最初的任务是请苏联援助我们 300 多架飞机，帮助我们组建六所航校和几个小型的飞机修理厂，以便飞机有了问题可以进行简单维修。但在苏联期间，父亲考虑到我们空军将来是为了配合陆军解放台湾、解放沿海的岛屿，所以就请苏联帮助我们建立空降兵，当时叫伞兵陆战队。他把想法向中央发电报汇报，中央复电让我父亲了解一下苏联伞兵的作战情况，如果将来装备部队的话，需要多少兵力和武器装备。

1950 年 5 月，中国人民解放军空军司令政治部出版的《人民空军》第 2 期，刊载了刘亚楼的《歼灭残敌 巩固国防——在空军参谋工作会议上讲话摘录》。

就这样，父亲在苏联期间，利用商谈办航校的时间，又了解了苏联伞兵的情况。经中央和军委批准，父亲马上又向苏联提出了援助我们伞兵装备的请求。最后，援建航校的人员、器材很快到位，援建伞兵的各种伞具等装备也很快到位，从而使我们空军的伞兵部队很快地组建了起来。

除此之外，父亲对空军各方面的发展都考虑得非常深远。比如空降兵部队的组建和扩展问题，空降兵因为应急机动作战，担负着非常艰巨的任务，所以要选择非常优秀、顽强的人员，具体到每个指战员都能够独立作战，独立完成各种任务。在人员的配备上，父亲的要求非常高，最后他选中了抗美援朝的英雄部队也就是经历了上甘岭战役的十五军作为空降兵部队。后来十五军一直保持着原来的番号，在我军的作战、训练、抢险救灾等重大任务中都发挥了很重要的作用。无论是组建部队还是作出其他各种决定，父亲总是从全局来考虑，从怎么能激发、调动广大指战员的积极性和作战热情来考虑，为空军的长远发展作出了很大的贡献。

（整理人：杜意娜）

孙继先在解放战争中

口述人：孙继先之子孙东宁

我们小时候对父亲严肃认真的军人形象印象深刻。我记忆里，父亲始终不忘初心，坚定信仰，关键时候不会动摇。父亲病危的时候，把我们叫到身边，神情恳切地跟我们说，要坚定地跟党走，不要动摇。

孙继先（1911—1990），山东曹县人。1932年2月加入中国共产党。解放战争时期，任山东野战军第四师师长、华东野战军第八纵队副司令员兼第二十二师师长等，率部参加了孟良崮、洛阳等战役。1955年被授予中将军衔，荣获二级八一勋章、一级独立自由勋章、一级解放勋章。1988年被授予中国人民解放军一级红星功勋荣誉章。

济南战役

1948 年 9 月济南战役时，国民党军有 11 万人，而我军攻城兵团有 14 万人。人民解放军分为东集团和西集团从两个方向围攻济南。我父亲孙继先时任第三纵队代司令员，属于西集团，负责进攻国民党第九十六军。当时国民党第九十六军军长兼第八十四师师长是吴化文，手下有约两万人。早在 1946 年，华东局就派李昌言等人打入吴化文部，后又派黄志平、辛光同志进入吴化文部，一直在开展策动起义的工作。

济南战役是 9 月 16 日打响的，在 18 日晚上，我父亲接到上级命令，得知吴化文有起义的可能，要求第三纵队不要进攻得太快，给吴化文创造起义条件。但此时部队已经发起攻击了，于是父亲命令部队赶紧调整作战计划，立刻停止进攻，并密切观察吴化文部队的行动，同时想方设法催促吴化文起义或投降。停止进攻以后，第三纵队等了好几个小时，吴化文部队还没有起义或投降。我父亲在抗战时期跟吴化文就打过交道，他们是老对手，但对于他的起义之心是真是假，我父亲并不确定。实际上这时候吴化文还在坐观成败，没有最后下定起义的决心。

济南战役中，孙继先担任攻城西集团第三纵队代司令员。图为西集团炮兵阵地。

父亲这时候做两手准备，他常说军事打击和政治攻势要相结合。于是他请示兵团，要求命令部队继续进攻。进攻的时候，冲在最前面的是洛阳营，这是一支攻坚能力特别强的部队。发起攻击后，用了不到半个小时，就把正面敌人的一个营消灭了。这一记重拳出击，打痛了吴化文，也彻底打醒了吴化文。吴化文赶紧派身边的少校参谋黄志平、辛光等人来我方告知起义的意图。他们汇报了吴化文起义的决心及部队情况，西线全面停火。第二天凌晨，他们就返回了吴化文的部队，将我军起义政策转达给吴化文。吴化文听后，为了表示起义的诚意，要求与我方同一级别的指挥员通电话，并告知一些关于起义的行动部署。但我父亲比较警惕，他派部队里一个见过吴化文的参谋去确认是吴化文本人接电话之后，才与吴化文通话。我父亲在电话里赞扬他起义的举动，而且再三嘱咐他管好部队，不要轻易放枪。吴化文通话后，连夜撤军，西集团攻击部队随即占领了位于济南城外西部的大片阵地。吴化文的起义，极大地震撼和瓦解了济南的国民党军，在关键时刻为济南战役的全胜发挥了至关重要的作用，从而加速了济南战役的胜利进程，减少了人员伤亡。

对吴化文的起义，党中央给予了高度评价，毛主席也发电说："贵军长等率部起义，发表通电，决心参加人民解放事业，极为欣慰。"后来吴化文的部队改编成人民解放军第三十五军。

军民鱼水情

父亲也参加了1949年5月解放宁波的战役。人民解放军部队行进到宁波以后，用了很短的时间就把国民党军打垮了，我军在夜间就进了城。为了不打扰百姓，部队晚上就睡在街上。有的战士头上就盖着一块手巾，有的盖着斗笠，就这样睡着了。第二天一大早，很多老百姓推门而出，看到街上屋檐下都睡着我们的战士。老百姓说自古以来第一次见到这样的部队，他们深刻地明白了解放军是有纪律、爱护人民、维护人民利益的军队。因此，第二十二军进城以后受到了人民群众的热烈欢迎。为了不扰民，第二天大部队就全部撤离市区住到郊区，5月28日就成立了军管会。第二十二军政委、军管会主任丁秋生马上抽调干部接管宁波城内和郊外。军管会首要任务是维护社会治安，处置国民党特务等。因为当时宁波市是浙东地区的中心城市，也是比较繁华的港口，一些沿海岛屿还未解放，国民党飞机时常轰炸骚扰，社会治安也很复杂，有一些爆炸暗杀等恐怖活动。我二姐就曾被特务推到河里去，幸亏老百姓发现把她救上来了。

1949年，孙继先（前排左二）与第二十二军军师干部合影。

解放舟山群岛

宁波解放后，蒋介石命令国民党军坚守舟山。舟山面积两万多平方公里，有大小岛屿1390个。舟山群岛遏住了长江出口和钱塘江出口，战略位置非常重要，是历代兵家的必争之地。

国民党驻守舟山的部队，有四个军14个师，六万多人，另外还有海军和空军的支援。当时第三野战军的七兵团接到了解放舟山群岛的命令，但是当时我军可以用于攻打舟山群岛的兵力不多，只有二十二军的三个师和一个炮团，再加上二十一军的六十一师，约五万人。所以从数量上来讲，我们并不占优势。根据这种情况，七兵团提出了主岛夺取的作战方案，计划以二十二军为主，主要攻打大榭岛、金塘岛和舟山本岛。二十一军的六十一师主要是从南面攻打桃花岛、登步岛等岛屿。

首站是大榭岛。大榭岛离大陆很近，海面很窄，最窄的地方不足 500 米，最宽的地方也不到两公里。刚开始敌人派出了七十五军十六师的三个连阻击我军。1949 年 8 月 18 日傍晚，我军发起了对大榭岛的进攻，以三个步兵团和一个炮兵团的优势兵力攻岛，在强大炮火的支援下，渡海登岛的部队迅速突破了敌人的防线。在突击部队登陆以后，很快就拿下了主峰。国民党军紧急出动七十五军一个团的兵力支援，由于我军距离更近，炮火支援得更快，对敌情的了解更详细，所以对大榭岛的进攻十分顺利，共歼灭及俘虏敌人 1400 多名。大榭岛首战告捷，增强了我军胜利的信心。

攻克大榭岛的胜利，使得驻守舟山群岛的国民党军惊恐万分，调整了守岛的部署，加设了防御阵地。敌人为了阻止我军继续进攻舟山其他岛屿，出动飞机对我们的部队进行轰炸。国民党的飞机频繁轰炸老百姓的住地，无数的老百姓在轰炸中死亡，我的二姐也在一次轰炸中被敌机炸死，当时她才七岁。

1949 年 10 月 1 日，毛主席在天安门宣布了新中国的成立。这一消息传到舟山前线的时候，二十二军上下都很振奋，想着以更辉煌的胜利成果向新中国献礼。我军经过讨论后，决定要逐岛攻击，首先要迅速地攻下金塘。金塘是舟山群岛的第四大岛屿。守岛的部队是国民党七十五军的一〇二师，虽然这个师都是美式装备，但他们士气并不是很高。二十二军为攻打金塘准备了 500 多条船。国民党当时有制空权，每天都派飞机侦察，看见我们的船只就进行轰炸。为了防止敌人轰炸，我们的船只在夜间训练，白天就隐蔽起来。为了便于我们的部队登岛，我军根据潮汐的规律，计划于 10 月 2 日涨潮的时候进攻。可是 10 月 2 日这天，秋雨绵绵，海上全是雾，能见度很低，疾风大浪，我们的船无法航行。如果两天之内雾不散的话，战斗就得推迟到半个月以后。在大家都很着急的时候，我父亲找到有经验的老船工询问，老船工说按照一般的情况，秋天雾气很快会散掉，但什么时候能散说不清楚。不过按照下雨的情况来看，此次雾气不会超过两天。最后真像老船工说的那样，10月3日下午来了一阵东南风，一下子把海上的雾气都吹跑了。我军趁着最佳时机下达了渡海命令，500多条船一起向金塘进发。船出港以后，天又下雨了，这时国民党的飞机无法起飞，所以攻打金塘渡海的过程中，我军并没有受到敌机的袭扰顺利登岛，冒着倾盆大雨，勇敢对敌。第二天凌晨，我军将金塘南部的阵地全部拿下。这一仗歼灭了敌人大部分力量，共歼敌2400多人。敌军一〇二师师长带着几十人乘船先跑了，副师长李湘平被俘虏。

金塘被攻占后，我军又胜利占领了六横、虾峙、桃花等岛。11月3日，七兵团命令二十一军六十一师进攻登步岛。登步岛在舟山群岛的东南处，是国民党军的重要据点，敌人派重兵把守。六十一师突击部队登岛以后，不到一天就控制了四分之三的地方。解放军登岛的消息传到了台湾，国民党军立刻派出飞机、军舰抵达登步岛。由于敌方兵力过多，同时大规模的轰炸摧毁了我军防事，我军主动撤出登步岛。在飞机、军舰和大炮的威胁下，我军不仅全身而退，还带回了俘虏人员。为守住舟山，稳定国民党军心，蒋介石又调了重兵增援舟山群岛。所以到年底，驻守在舟山的国民党军总兵力已经达到了12万。1949年12月，按照中央军委和毛主席指示，三野总结了前段时间的经验教训，最后以"打则必胜"作为舟山作战的指导思想。为了集中优势兵力，华东军区决定，除了二十二军以外，再抽调二十一军、二十三军和二十四军，加入舟山战役中去，另外还协调了海军和空军。虽然当时我们的空军力量很薄弱，但是我们有局部的制空权。为了解放舟山，华东地区几个省都动员起来，相继成立委员会筹集船只。为解放舟山渡海作战的需要，二十二军专门成立了一个船修所，不但修船还改造船，把原来的帆船改成机帆船，这样可以同时输送两个师的兵力渡海。1950年4月25日，三野召开了联合作战会议，研究舟山的作战方案，决定由第七兵团和第九兵团组成两个登陆的突击集团。蒋介石为了保存实力，固守台湾，命令国民党驻守舟山的部队偷偷撤走。当时我们已经做好了进攻的准备，并不知道国民党要撤离。到了 5 月 15 日，华东野战军得到情报，敌人有撤退的迹象，命令二十二军核实。我父亲就派了一个侦察分队，偷偷地趁着暗夜划着船过去侦察，最后发现敌人确实在逃跑，于是赶紧向华东野战军报告。第二天，三野下达了向舟山进攻的命令。19 日，舟山群岛全部解放。

强身健体

父亲的老家在山东菏泽曹县，是武术之乡。父亲九岁就开始习武。也可能跟他习武有关系，从军以后打了几百次仗，没有负过伤，所以人家说父亲是福将。父亲 70 多岁时，他还能劈叉，打乒乓球、羽毛球。父亲任济南军区副司令时，济南军区的篮球和排球都是全军第一名。而且八一队主力，有三分之二都是济南军区输送过去的。他到了哪个部队，哪个部队的篮球、排球保证名列前茅。他的指导思想是有好的身体，才能担负重任。

1980 年 10 月，孙继先与儿女们。左起：孙东生、孙东旭、孙东宁、孙继先、孙东红、孙璐。

理想信念坚定

我觉得父亲身上有很多品质是值得我们学习的。一是理想信念坚定，坚信革命一定能取得成功并且为之不断奋斗；二是做事认真，父亲常说低调做人，认真做事，做好自己的事情，让别人挑不出毛病，才是好样的；三是忠诚于党，听党指挥。他们那代人可以把自己的一切都贡献给党。这种忠于党、忠于革命的品质，给我留下很深刻的印象。

小时候跟父亲交流不多，长大慢慢懂事以后跟他的交流才多了起来。我们小时候对父亲严肃认真的军人形象印象深刻。我记忆里，父亲始终不忘初心，坚定信仰，关键时候不会动摇。父亲病危的时候，把我们叫到身边，神情恳切地跟我们说，要坚定地跟党走，不要动摇。这句话我们将永远铭记。

（整理人：孙瑾溪）

胡奇才指挥塔山阻击战

口述人：胡奇才之子胡鲁克

父亲当时就说了一句话，"我是为革命打仗，只要党中央、毛主席决定的，就是正确的，我一定按着党中央和毛主席的指示去做，所以我是为革命打仗，也是为人民而战"。

胡奇才（1914—1997），湖北省黄安（今红安）县人。1931年加入中国共产主义青年团，1932年转入中国共产党，1935年起曾任红四方面军第四军十二师政委、八路军山东纵队第一支队司令员兼第二军分区司令员、山东军区第三师副师长等职。解放战争时期，任东北民主联军辽东军区第三纵队司令员，第四纵队副司令员，参与指挥新开岭战役、解放东北和进军中南的多次重要战役战斗。新中国成立后，历任辽东军区司令员，辽西军区司令员，沈阳军区空军副司令员，中国人民解放军工程兵副司令员兼参谋长、顾问组组长等职。

父亲经常说的一句话就是：我选择了红军，一生无悔。我对他的这话印象非常深刻。父亲 1930 年参军，在红军时期受伤六次，特别是在一次战斗中，一颗子弹从他左腿射入，从膝关节穿出，但他忍痛继续指挥部队后撤，最终带领部队脱离险境。为尽快摆脱敌人，在行军途中对伤病员进行遣散，考虑到父亲腿部受伤后行动不便，团政委想安排他到一个农户家中养伤，父亲当即回答："如果非要把我丢在老百姓家里，那现在就补给我一枪好了！我说什么也不离开部队，红军就是我的家，我哪里也不去！"父亲从红军战士成为师政委，从延安到山东抗日前线成为副师长，再到解放战争成为纵队司令，都是打出来的，他的一生为革命打仗，为人民而战，从没有离开过部队。

抗日战争胜利后，中国人民热切希望实现和平民主，建设新中国，但以蒋介石为首的国民党统治集团为维护专制独裁统治，抢夺人民取得的抗战胜利果实和消灭人民革命力量，悍然于 1946 年 6 月发动内战，进攻我中原解放区，东北地区成为国共两党两军争夺的重要战场。1945 年 10 月，任山东军区第三师副师长的父亲接到山东军区司令员兼政委罗荣桓电令，指示他随罗荣桓挺进东北。11 月 5 日，罗荣桓在山东龙口将机要人员交给我父亲，还特别交待：一旦汽艇在海上遇到敌情，有些材料扔进海里，但密码本一定嚼咽到肚里。11 月 8 日，我父亲向安东（今丹东）东满人民自治军司令部司令员兼政委萧华同志报到，被任命为第三纵队司令员，此后父亲开启了东北战场铁马金戈的战斗生涯。他分别在 1946 年南满战场艰难的战略防御阶段和 1948 年辽西战场战略反攻阶段创造了两个辉煌战绩，为建立人民的新中国作出重要贡献。1949 年父亲作为第四野战军代表之一出席了新中国第一届政协会议，登上天安门观看了开国大典，受到周总理和朱德总司令的亲切接见，并有幸与毛泽东主席共进餐，聆听教诲，党和人民给我父亲以极大的肯定和荣誉，我们回顾父亲为人民而战的革命功绩，深感自豪、备受激励。

1949年，胡奇才当选第四野战军出席第一届政协会议代表与其他成员合影，后排左起：黄达宝、胡奇才、曾泽生、刘白羽。

指挥新开岭战役大捷

1946年的南满战场敌我态势如黑云压城极为严峻，国民党军队靠美帝国主义不断增兵东北攻城掠地，我军处于战略退却。5月中旬，父亲被任命为第四纵队司令员。1946年10月19日，国民党东北保安司令杜聿明，公开撕毁停战协议，集中东北主力八个师10万余人，分三路全面进犯我南满辽东军区根据地，妄图歼灭南满我军主力后再进攻北满，最后实现其占领东北的美梦。父亲领导的第四纵队正处于敌五十二军中路进攻正面，他指挥部队进行外线防御。此前根据辽东军区作战命令，四纵的三个师分散在三个方向作战，彼此相距100多公里，纵队领导也分散在四个指挥位置，我军在摩天岭和连山关阵地的阻击部队正顽强抗击，本溪和辽阳出动的国民党军第二十五师和第二师的凶猛进攻，敌军兵力占优，我军装备简

1946 年 10 月 19 日至 11 月 2 日，东北民主联军第四纵队在司令员胡奇才指挥下取得新开岭战役大捷。11 月初，胡奇才在鸭绿江边朝鲜境内看望第四纵队伤员并与在朝苏联军官合影。图中吉普车是缴获国民党第二十五师的战利品。

陋，难以持续御敌。面对如此困难的战场态势，父亲没有执行刚接到的辽东军区命令第四纵队继续在草河口分兵阻敌的电报命令，他分析如执行该命令，极可能形成多路敌军在凤城地区围歼第四纵队的态势。于是，父亲在组织指挥这次战役过程中，首先把"敢"字贯彻于战役实施的始终，下最大决心艰难和适时地完成了集中优势兵力的计划，继而在运动中主动寻找战机，攻点打援，诱敌深入，变被动为主动，在成败系于老爷岭的关键时刻，他亲临老爷岭阵地指挥，命令部队咬紧牙关坚持最后五分钟，最终将决心变成了事实。1946 年 11 月 2 日，父亲领导的第四纵队在辽东宽甸县西北新开岭地区，歼灭俘虏国民党第五十二军二十五师包括师长、副师长以下 8000 余人，开创了东北民主联军在解放战争中一次作战歼敌一个整师的先例，不仅挽救了第四纵队，沉重打击了敌人的嚣张气焰，也为辽东军区后方机关、伤员和物资的转移，以及陈云和萧劲光到临江、作出坚持南满斗争的战略调整和四保临江，共争取了 43 天的宝贵时间。在战后紧急会议上，纵队党委否决了司令员一人坚持攻打宽甸的意见，迅速撤离战场向临江转移，再次挽救了第四纵队，按父亲所说，四纵与三纵会合在临江一个屋檐下，使得陈云、萧劲光领导辽东军区坚持南满斗争，使后续四保临江有了两个拳头。陈云同志曾讲："在哈尔滨时就听说四纵队打得好，在歼灭敌二十五师时，胡奇才起了重要作用。"战后第二天，毛泽东主席、中央军委，以及东北民主联军总部发电报，延安《解放日报》发社论庆贺和高度评价新开岭战役胜利的伟大意义。毛主席接报后致电辽东军区："（一）祝贺你们歼灭敌人一个师的大胜利，望对有功将士传令嘉奖。（二）这一胜仗后南满局势开始好转，望集结兵力，争取新的歼灭战胜利。"之后，毛泽东又在 11 月 9 日及时总结了新开岭战役的经验，指明其普遍应用的重要意义。多年后，父亲回忆新开岭战役时深情地说："在如此不利条件下驾驭如此规模的战役还是第一次，是毛泽东军事思想和东总一系列指示给了我指挥这次战役的胆识和战法。"那一年，父亲年仅 32 岁。

在塔山阻击战前线指挥第四纵队

父亲曾这样说：塔山阻击战的问题主要是辽沈战役的问题，是国共两党战略决战的初战，涉及解放全东北的大问题，必须取胜，否则，淮海战役、平津战役要拖后，中华人民共和国的成立也会延后。辽沈战役"攻锦方为大问题"，而塔山阻击战是锦州战役的组成部分。只有守住塔山才能保证攻锦取胜，塔山阻击战胜利不应以本身伤亡与缴获多少计，而是为东野主力攻锦战役胜利争取了宝贵时间。父亲曾为《红旗飘飘》刊物投过他写的塔山阻击战文章，上面有罗荣桓元帅亲笔修改的红色毛笔字，内容就是"争取时间"这四个字。

1948 年 4、5 月间，父亲参加了东总召开的哈尔滨高干会议，会后返回第四纵队。1948 年 9 月 12 日辽沈战役开始，10 月 4 日东野发来急电，命令第四纵在塔山、高桥地区布防打援，阻敌东进集团 7—10 天，掩护东野主力攻克锦州。父亲在 10 月 5 日深夜带领第四纵十二师先行出动，10 月 6 日拂晓占领了东起打鱼山岛西至塔山堡一线。同日蒋介石亲率海陆空将领抵葫芦岛布置援锦，锦西敌方兵力已有六个师，敌我双方在阵地挖工事的人影声音清晰。父亲在日记里回忆这段有惊无险的经历时感慨地写道：时间争取到了，晚一天被动难守，其后果不堪设想，敌占塔山，再伤亡 3000 人也难挽回呀！

胡奇才（战壕中前排居中）负责指挥指战员配合苏联专家在塔山拍摄纪录片《中国人民的胜利》时，东野第四纵队十二师三十四团副团长、战斗英雄江雪山在战壕上作战场动员的场景。

10 月 8 日，陪同第二兵团领导查看塔山地形后，父亲对塔山阵地部署仍不放心，10 月 9 日晨他偕李福泽参谋长再临塔山阵地勘察。他认为，塔山村位于铁路公路当口，临山傍水，是攻防要点，但三十四团仅部署一个连兵力守村，另两个连部署在塔山包后，这样的兵力部署实际上是守山不守村，他立刻命令三十四团调塔山包后的两个连进驻塔山村，使我塔山村实际防守兵力由一个连增到一个营，该建议当即上报纵队和兵团被采纳。后来六天六夜的阻击战证明，尽管敌人变换攻击方向和战术，但因两锦铁路和公路都要通过塔山村，敌人进攻重点始终是塔山村。战后父亲在沈阳向林彪汇报时，东野首长夸奖说，你们在塔山堡这个营像个钉子一样安得好！

10月11日，东野首长电令我父亲到十二师指挥，父亲立即赶到塔山前线的十二师阵地，传达了东野指示和纵队决心，与十二师首长做了分工，其后马上检查各级的一线防守工事。当日林彪来电话说，胡副司令，你们在塔山要守一个礼拜，每天要向野司发四次电报，报告每天敌情、我情、人员伤亡和弹药消耗情况。你们守住了，有什么条件我都让后勤部周纯全保证。父亲答复：我没有别的条件，我就是要炮弹！父亲命令四纵炮团王一平团长统一指挥塔山阵地炮兵群，炮兵按两群三线配置支援前沿战斗。父亲穿着鹿皮大衣在指挥部蹲守五天五夜，用望远镜整日察看敌人动态，指示有关团、营协同炮兵适时组织反击。10月13日，东野后勤部周纯全部长打电话给我父亲，他说弹药供应将不能保证，因为沈阳廖耀湘西线兵团出动，我运输线在彰武新立屯被切断，哈尔滨运炮弹的火车过不来，实在没办法。父亲得知情况后，立即要求各炮群射击时要尽量节省炮弹。当时正赶上我白台山阵地前三十一团协助三十六团反击敌人，因杀敌心切，部队冲到敌群与敌扭成一团硬是撤不回来，父亲很着急，当即命令炮团王一平团长用九〇野炮打敌群。王一平说：首长，只有几发炮弹了。我父亲说：王大炮，一发你也要打，不把敌人打散，我三十一团就难回来。炮弹炸开后敌人乱作一团，我三十一团反击部队迅速撤了回来。为加强一线守备力量，父亲在阵地边打边调整塔山村、铁路桥头堡和高家滩一线的兵力部署。10月13日，白台山7号阵地战斗异常激烈，父亲电话询问坚守四天的三十六团江海团长，说江海啊，把你们换一下行不行啊，江海说，首长不要换我们吧，我们还有力量。我父亲看他决心大，再说换部队也难，答应他要求的同时，令三十一团到白台山脚支援三十六团。10月14日，东野命令对锦州市区发起总攻，当日上午父亲收到东野首长给四纵指战员发来的嘉勉电报，10月15日我东野主力攻占锦州。10月14日东野首长的嘉勉电报如下：

胡、江、潘并12师指战员：

　　你师在友军配合下，5天来英勇作战，顽强抗击，打退了95师、8师、198师、157师、151师、暂60师，在海空掩护下之连续猛烈进攻，大量杀伤了敌人，并全部歼灭了打鱼山岛之敌，保障了我攻锦部队充分准备，因而取得了对锦州的顺利突破。你们这种英勇顽强的防御战，是模范的，值得赞扬的，盼你们继续努力，顽强阻击敌人，保证锦州战役的全部胜利，为下一次战役造成有利条件。

林　彪

罗荣桓

刘亚楼

谭　政

1948年10月14日

　　1949年10月，父亲接受武汉《长江日报》记者于泳采访的报载稿提到，当记者有意要他谈一谈他的功劳时，父亲避而不谈，并有意把话题转移了。父亲当时就说了一句话："我是为革命打仗，只要党中央、毛主席决定的，就是正确的，我一定按着党中央和毛主席的指示去做，所以我是为革命打仗，也是为人民而战。"

（整理人：尤曼卿）

『以身作则』的英雄模范

口述人：罗章之子罗海曦

父亲是从三五九旅中走出来的英雄模范，新中国成立后，他受命驻扎兰州，负责指挥驻上海、北京、西安、天水、酒泉等地的办事处，为驻新疆部队及兵团办理人员调集、物资筹措、运输、保卫等各项事宜，为新疆和平解放和经济建设作出重大贡献。

　　罗章（1905—1993），江西万载人，1929年加入中国共产党。1938年从华北前线调回延安，在担负保卫延安任务之际，响应党的号召，积极投入到南泥湾大生产运动中，被评为全边区22位劳模之一。解放战争时期，他参加了闻名中外的中原突围、解放晋西南、解放西北等诸多战役。1955年，被授予少将军衔。

　　我的父亲出生于江西省万载县梅源乡一个贫苦佃农家庭，在大革命时期就离开家乡，14岁时参加中国工农红军，成为一名光荣的共产党员。父亲在大革命、土地革命、抗日战争、解放战争等各个时期，参加无数激烈战斗，屡立功勋，20多年的战斗生涯中，父亲信念坚定，不怕苦难，处处以身作则，率先垂范，接受了革命斗争的严峻考验。

保卫陕甘宁，保卫延安

　　抗日战争期间，父亲所在的红六军团改编为国民革命军第八路军（后改名为第十八集团军）第一二〇师三五九旅。1937年11月，在中共冀西特委负责人栗再温等大力支持下，八路军第一二〇师在华北抗日前线得到新兵补充，随即成立了"平山独立团"。平山团是八路军部队首次到平山扩军，与平山县委共同动员发动，由清一色平山子弟组建的队伍。全国抗战初期，平山人民响应党

1937年11月，"平山独立团"成立，河北省平山县广大青年党员踊跃参军。

的号召，动员全县2500名青年人加入抗日队伍，其中1800人加入了平山团。在平山团组建过程中，平山全县700多名党员，就有200多名带头参军，青年党员几乎悉数参加，发挥了模范带头作用。1938年1月，平山团改编为八路军第三五九旅七一八团。父亲和陈宗尧这两位红军时期的亲密战友分别担任该团第一任团长和政治委员。

　　1938年1月，平山团在山西崞县上阳武装整训结束后，平山团第二

营和第三营在陈宗尧团长和父亲指挥下，在田家庄伏击日寇一个由原平开往崞县的中队，前后夹击，全歼敌人。这是平山团打的第一仗，显示了平山新兵英勇顽强的战斗精神，为日后连续打胜仗打下了很好的基础。在第七一八团补充完成后两个月，他们开赴战场，和第一二〇师等其他部队一起参加了收复"晋西北七城"战役。1938年2月下旬，日本侵略军集中日伪军万余人从长城向南，向陕甘宁边区进攻，日寇相继占领偏关、河曲、保德、神池、宁武、五寨、岢岚七个县城。中共中央、八路军总部命令第一二〇师三五九旅和三五八旅一起消灭日军，收复失地。

奉贺龙师长之命，三五九旅冒着刺骨的寒风，长途跋涉，越过汾河，一路跋涉，星夜开往晋西北。3月7日，第三五九旅主力立即从崞县急行军赶到岢岚，将敌军黑田旅团千田联队围困在县城里。父亲说岢岚是非常难打的一个地方，城是石头砌的，城门是铁皮包的，同时城内共有敌军1000多人，八路军在没有重炮的情况下进行城市攻坚作战非常困难。三五九旅采取把县城的东西南全部包围起来，并且控制城内敌人水源的战斗策略。当时，岢岚县城南有条河叫岚漪河，是县城里的唯一水源，第三五九旅包围县城后随即控制了水源，由于长期缺水，日军只在城内待了三天。10日下午3点，日军开始逃跑。王震旅长指挥三五九旅其他战士旋即跟踪追击，当时王震旅长判断日军不太敢走夜路，跑不了多远，因此父亲他们晚饭也顾不上吃就一直追日军，父亲说当时他拿了两个烤熟的土豆，一边追一边吃。经过艰苦激战，日军被歼灭于三井镇。3月31日八路军夺下宁武，4月1日，被日寇侵占的七座县城全部胜利收复，日本侵略军被击回原出发线。这次战役是全国抗战初期正面战场作战中唯一一次将日军战线推回的经典战例，是城市攻坚作战的典范。

1938年底，日军制定了中攻武汉、南取广州、北围五台的全面进攻战略部署。日本当时在五台山驻扎了两个师团、两个旅团，大概三万多人。1939年5月9日，日军独立第三、第九旅团各一部共5000人企图歼灭八路军主力，拿下五台山，然后向东下山直接威胁阜平，合击晋察冀军区领导机关。平山团联合第七一七团，配合地方武装在山西上下细腰涧歼敌战中持续作战五天五夜，歼灭日本兵 700 多人，俘虏 11 人，缴获山炮、重机枪、步枪及战马百匹。父亲他们将这些缴获的战利品统一拍照，把照片送到延安毛泽东手里。毛主席看了之后非常高兴，在上面题词"八路军一二〇师三五九旅之胜利品"并且签名，用题了词的照片给部队战士鼓舞士气。5 月 20 日，晋察冀军区司令员聂荣臻发布命令嘉勉第七一八团，嘉勉令说："平山团历来作战勇敢，素有盛名……是平山人民的优秀武装，是边区人民的优秀武装，是太行山上铁的子弟兵。"28 日，《抗敌报》发表《学习平山团的模范 充实边区子弟兵》的社论，号召边区群众向平山团学习。《晋察冀日报》也写了一篇报道专门宣传这次作战。

1938 年 10 月，武汉、广州相继失陷后，日本侵略者停止了向国民党战场的战略进攻，逐渐转移其主要军事力量对付共产党领导下的八路军，与此同时国民党顽固派消极抗日、积极反共，不断掀起反共高潮，对陕甘宁边区实行军事包围和经济封锁，并停发了我军的军费。在这种形势下，毛泽东致电一二〇师师长贺龙，指出要调一支"能打仗打胜仗"的部队来保卫延安，例如三五九旅。1939 年 8 月，为加强中共中央所在地陕甘宁边区的安全，三五九旅奉命调回边区。父亲及随行人员由华北前线冀中、雁北行军 27 天共 750 公里，急返延安，沿黄河布防，驻守延安的东线和南大门。在回师边区的两年多时间里，父亲和战士们进行了大小战斗数十次，粉碎了日军强渡黄河的企图，反击了国民党顽固派的挑衅，保证了边区的安全。毛泽东在接见三五九旅部分指战员时说："你们三五九旅在王震同志的领导下，立下了很大的功劳。你们到了东边，东边就安全；你们到了南边，南边就安全；这次你们又到了北边，北边也安全了。总之，不管你们走到哪里，都没有辜负党中央和边区人民的重托。"

模范中的模范，屯荒南泥湾

南泥湾大生产运动中，父亲从政治机关调到三五九旅供给部任政治委员，与三五九旅供给部部长何维忠一起负责组织全旅大生产，父亲主管开荒和农业生产。

父亲和何维忠以劳动竞赛、评选先进等各种方式积极组织旅供给部门抓紧生产，提升产量。由于物资匮乏，群众负担较重，三五九旅官兵一手拿锄一手扛枪，生产战斗保卫党中央，三五九旅各级干部的模范带头作用，使得战士们备受鼓舞。

在组织部队开荒和农业生产中，父亲观察到南泥湾垦区具有种植水稻的水利、气候等自然条件，就把在家乡种水稻的经验搬到陕北。父亲是江西人，出生在一个佃农家庭，从小放牛并同祖父一起下田种稻，对种水稻技术比较熟悉。他看到三五九旅两级领导、大部分营级干部和多半数连队干部也是江西、湖南籍，就率先垂范进行种植试验。在取得水稻丰收的基础上，动员掌握水稻种植技术的南方籍干部战士作为技术骨干，兴修水利，改造旱地，扩大水田，种植水稻。

在这次大生产运动中，父亲以身作则，深入一线参加劳动。他经常随身带着一把特地为他打制的七八斤重的大镢头，往来于全旅30万亩分散在各个山头、山坳的一百多个生产点，走到哪儿就在哪儿，和干部、战士一起开荒。父亲认为："干部的以身作则首先要勇敢，不怕牺牲，冲锋在前，还要不怕苦，艰苦奋斗。"一次马匹受惊，父亲右臂摔伤，王震旅长到处打电话，下令将父亲拖回休息，可是由于父亲奔走在各个生产点上和大家一道开荒、播种，直到一个月后，回到旅部才收到消息。王震旅长见到他第一句话就是"你怎么连命都不要了。"父亲说："全旅开荒播种的任务已经超额完成了。"这一句话，让在场的人哭笑不得。

由于父亲在南泥湾大生产运动中成绩显著，在1942年12月中共中央召开的西北局高干会议上，被评为全边区22位劳模之一。会议中，毛泽东高度赞扬了在南泥湾开荒中作出卓越贡献的八路军第三五九旅全体官兵，并亲笔题词表彰生产英雄。毛泽东在一块手帕大小的白布上亲笔题写"以身作则"四个字给父亲，以表彰父亲在大生产运动中积极带头、和战士们同甘共苦的工作作风。1943年2月3日，《解放日报》刊载了父亲的事迹，毛泽东亲笔书写的"以身作则"也成为我们党对每一名干部的基本要求。

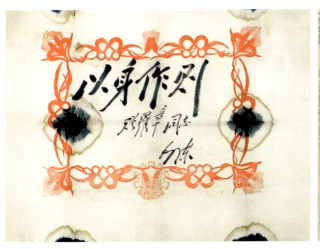

毛泽东给罗章题写的"以身作则"奖状。

1943 年 2 月 3 日,《解放日报》刊载的《西北局奖励廿二位生产英雄》。

王者之师,南征北返威震华夏

1944 年,父亲作为八路军南下支队主力团政委,跟随王震司令员、王首道政委配合和支援了新四军五师在抗战后期和解放战争初期的行动。在极其险恶的形势下,三五九旅战士们行程 2.4 万里,参加大小战斗数百次,冲破敌军 100 多道封锁线,挣脱了 30 多万敌人的围追堵截,护送一个干部团南下,开辟中南地区的抗日工作,并在湖南、江西、广东建立湘鄂赣抗日根据地,胜利回到延安。

这一年春夏,国民党正面战场的溃败,造成了大片敌后"真空"地带。为抓住有利时机,毛泽东及时作出"缩小敌占区,扩大解放区"的战略决策,决定在尽量不同国民党正面冲突的情况下,夺取中原并向南发展,造成控制平汉、粤汉南北大动脉的有利态势,以沟通华北、华中和华南。1944 年 9 月 1 日,党中央在杨家岭召开会议,正式决定派王震、王首道等率三五九旅 10 个连和干部 4—6 个连,挺进华南,到湘、粤、赣边创建抗日根据地。10 月 31 日,中央书记处会议确定了南征组织机构,并将南征部队正式命名为:国民革命军第十八集团军独立第一游击支队(简称南下支队），支队下辖六个大队，父亲任第二大队政委。11 月 9 日，平山团告别陕甘宁边区人民，随三五九旅主力开始向南挺进。10 日南下支队从延安出发，行程 4000 华里，于 1945 年 1 月 27 日到达鄂豫边的大悟山根据地，与李先念领导的新四军第五师胜利会师。1945 年 8 月，平山团即将和东江纵队会合。但是，重庆谈判在即，中国共产党为表示和平诚意，命令这支部队返回延安。29 日，南下支队奉中央电令回师北返。9 月 2 日，南下部队各队，在江西上犹县黄沙坑会合后，同道北返。10 月，南下支队与五师会合后，三五九旅编入中原军区第二纵队序列，转战鄂北、豫南，反击国民党反动派的"围剿"进攻。

1946 年 1 月 10 日，国共两党达成停战协议。双方军队相对处于休整状态，但国民党军仍不时制造摩擦，小范围进行武力挑衅。6 月底，蒋介石公然撕毁停战协定，调集 10 个整编师及众多保安团向我军驻扎的宣化店地区发动大规模进攻，企图将我军中原部队围而歼之。面对这种形势，毛泽东决定中原突围。三五九旅作为中原军区北路主力之一，由王震、王恩茂、李铨率兵，向西冲破平汉铁路，于 7 月中旬成功转入陕南秦岭山区，8 月 2 日解放镇安县城。继之，三五九旅挥兵西南，奔宁陕、下洋县，抵汉水北岸，呈渡江入川之势，再折向西北，过华阳，越太白，绕宝鸡，奔袭胡田车站，强渡渭河及宝（鸡）天（水）铁路。在长武、灵台之间，冲破敌人在西（安）兰（州）公路上的最后一道封锁线，连夜北渡净水。

历时两个月，我军胜利完成突围。其间，毛泽东九次致电中共中央西北局书记习仲勋，要求他对三五九旅返回延安作出周密安排。习仲勋立即派出部队，8 月 29 日，三五九旅与接应部队会师。9 月 27 日，父亲跟随部队回到延安，延安人民高举"威震华夏"的巨幅标语，敲锣打鼓出迎 40 余里，热烈欢迎三五九旅胜利归来。29 日上午，党中央在杨家岭中央大礼堂为三五九旅的归来举行盛大的欢迎会，毛泽东、朱德、任弼时等中央领导接见了南征的全体指战员并对南征给予高度评价，称其为"我党历史上第二次长征"。

攻坚有功，保卫新疆

在解放战争中，父亲负责人民解放军第一兵团后方指挥工作，保障了前线作战顺利进行。1949 年 2 月，父亲所在的三五九旅七一八团改番号为中国人民解放军第一野战军第一兵团第二军第五师第十四团。在全国解放战争取得决定性胜利的形势下，中共中央和毛泽东充分考虑到新疆的历史及现状，作出了和平解放新疆的决策。1949 年 3 月，党的七届二中全会期间，王震主动请缨率部到最边远最艰苦的地方去。毛泽东、周恩来、朱德等中央领导同志，就解决新疆问题同王震进行了亲切的交谈。毛泽东说："你到新疆去就是演'红娘'，在那里唱主角，去给新疆的各族人民做好事"，要"发扬红军不怕远征难的革命精神，英勇奋战，克服任何艰难险阻，解放新疆，完成统一祖国的大业"。当时七一八团的很多战士都觉得，毛泽东调三五九旅部队从华北前线到延安承担保卫工作，那么将来应该是要去保卫北平的，但是从整个解放大局着眼，他们需要进驻新疆。

9 月 10 日，根据毛泽东关于"极盼早占新疆"的指示，在王震司令员的带领下，父亲及第一兵团第二军的官兵由西宁地区北进，沿西（宁）张（掖）公路迂回河西走廊，攻占民乐、张掖，进击玉门、敦煌。21 日与第二兵团会师，随后，这支部队与第一兵团进军神速，席卷整个河西，直扣新疆大门。与此同时，中央派邓力群劝诚陶峙岳，组织和平起义。在各方的努力下，25 日，新疆和平解放。28 日夜，哈密国民党驻军发动暴乱，大肆烧杀抢掠，引起当地人民恐慌，在此危急形势下，父亲的部队奉命进军新疆。29 日，父亲与随团官兵从酒泉一路西进，徒步行军 2871 公里，来到南疆重镇阿克苏，平叛剿匪，建立人民政权。11 月，部队 1800 余名官兵奉命出征南疆地区，镇压反动政客叛变。

新疆社会历来情况异常复杂，反动势力有相当力量和影响，我军虽已实现了新疆和平解放的第一步，但想要使新疆获得真正的解放，仍需时日。10 月，第一兵团第二军、第二兵团第六军从空中到陆地，向新疆展开了气势磅礴的大进军。由于行军路线长，地形复杂，气候恶劣，加之部分国民党部多次电令其在新疆的亲信要"各方设法，保住新疆"，妄图阻挡我军入疆，我军在行军中的困难是难以想象的，王震等部队领导同志翻阅了大量历史资料，对进军路线进行认真的研究，制定了周密的进军计划和解决困难的具体措施。

进疆前部队的运输工具和各项物资准备工作极为繁重。中共中央、中央军委从华东、华北军区及河西起义部队中抽调汽车、运输飞机，还从地方征集了近百辆商车。当时，父亲任第一野战军第一兵团第二军后勤部政委，负责组织筹备骡、马、骆驼等畜力及其他短途运输工具，被服和装具的补充，粮食、柴草、油料以及进军途中所需其他物资等后勤保障工作。

11月底，部队先后进驻喀什、阿克苏等地，五师进驻阿克苏后，就获悉敌特在和田策划武装叛乱的消息，随后又沿着叶尔羌河故道，横穿塔克拉玛干大沙漠。这次征途，战士们受到很多挑战，他们不仅要背着厚重的行囊，每天坚持走50公里，还要克服行进路上的曲折艰险。在寒冬的夜间，夜营帐篷往往不够用，于是战士们使用柴火先把沙地烧热，再灭掉火，扒去灰一偎便是一宿。行军过程中，已经到达和田的先遣小分队派人来接应说，敌人密谋的暴乱一触即发，而且先遣小分队随时有可能被反革命分子消灭，需要沙漠中的大部队火速赶到。当时，大部队离和田还有200公里远，正常他们到达驻防地需要两三个月的时间，但是中途得知有一部分和平起义的国民党部队发生叛乱，战士们迎着风沙，手挽着手，凭着钢铁般的意志在沙漠中行军18天，徒步穿越塔克拉玛干大沙漠，直插和田。历时六个月，第二军便进驻全疆各个重镇和军事要地，接管了千里边防，完成最后一次长征。

行军速度快，进军的部队作出了很大的牺牲。西藏阿里条件非常艰苦，在进驻阿里的过程中，一个骑兵连因断粮并长期处在高原上，一多半人都牺牲在了去阿里的路上。当时，这个骑兵连由137人组成，最后只剩下了63个人。

人民的子弟兵，勇挑重担

生在井冈山，长在南泥湾，转战数万里，屯垦在天山。新疆和平解放后，三五九旅留守在了新疆，担负起保卫、建设边疆的任务。他们带领边疆人民兴修水利、开垦荒田，在北疆种植棉花和甜菜等作物，带领边疆人民过上好日子。在全旅官兵及边疆各族人民的努力下，钢铁、纺织、发电、农机、水泥、煤矿等一大批企业如雨后春笋般开花，并结束了"自古北疆不种棉"的历史。

1954年10月，中央命驻疆解放军大部集体就地转业，脱离国防部队序列，组织生产建设兵团。三五九旅的战士们一手拿枪，一手拿镐，劳武结合，屯垦戍边。

作为一个英雄辈出的部队，三五九旅的战士们始终与祖国同呼吸共命运。抗日战争时期，三五九旅作为八路军的主力之一，激战晋西北，转战晋察冀，保卫黄河边防，卫戍延安，进行了著名的南征，打造"铁军精神"。南泥湾大生产运动中，三五九旅发扬勤劳勇敢、不怕吃苦的精神，成为"模范中的模范"，"南泥湾精神"激励着一代又一代革命人。解放战争时期，三五九旅作为主力部队，参加了闻名中外的中原突围、解放晋西南、解放西北的诸多战役，为党中央成功转战陕北并领导全国的解放战争胜利提供了重要保障。随后三五九旅为巩固新疆的胜利成果作出了重要贡献，成为勇挑重担的"人民子弟兵"。这支队伍和党中央在地理距离上虽然越来越远，但他们的心是一直在一起的。

父亲是从三五九旅中走出来的英雄模范，新中国成立后，他受命驻扎兰州，负责指挥驻上海、北京、西安、天水、酒泉等地的办事处，为驻新疆部队及兵团办理人员调集、物资筹措、运输、保卫等各项事宜，为新疆的和平解放和经济建设作出重大贡献。父亲是一个意志如钢的革命战士，他始终把革命事业放在第一位，把个人的安危荣辱置之度外，在漫长的革命征途中形成了"一级带着一级干，一级干给一级看""要求别人做到的自己先要做到，要求别人不做的自己坚决不做"的优良传统和作风，影响着一代又一代的革命人。父亲的一生生动诠释了共产党人革命利益高于一切的高尚情怀，对党的理想信念的坚定不移，对共产主义理想追求的始终不渝。

（整理人：王梦妮）

亲历中国新民主主义青年团的建立

口述人：冯文彬之女冯延曦

父亲说他没有上过几年学，原来就只上过私塾，但是他写了很多东西，据说他在作报告的时候，特别有感染力，好多人都喜欢听他的报告，他也喜欢跟年轻人在一起。

■ ■ ■ ■ ■ ■ ■ ■ ■ ■

冯文彬（1910—1997），浙江诸暨人，1927年加入中国共产党。1931年至1933年，先后任共青团苏区中央局巡视员、共青团福建省委书记、红军少共国际师政委。经历长征到达陕北后，调任共青团中央书记、中央青年部部长。1937年任安吴青年训练班主任。1949年，冯文彬在任弼时领导下负责中国新民主主义青年团的筹建工作，并在第一次代表大会上当选团中央书记。

我父亲冯文彬出生在浙江的贫苦农民家庭，在上海做过童工，后来通过学习接受了革命思想，走上了革命的道路。在战争年代，父亲曾长期从事党和军队的政治工作和青年工作，从 1936 年到 1952 年在团中央工作长达 16 年，积累了丰富的经验。

从西柏坡到香山难忘的赶考之路

我是 1945 年出生的，中共中央从西柏坡进驻香山的时候只有四岁。因为当时我年龄尚小，行路主要靠毛驴，毛驴上有两个筐子，我们就被放在筐子里头，一个筐子里放一个小孩，由老百姓赶着毛驴。听长辈说，在行路过程中我们同行的那些小孩都特别老实，很少有哭闹的，因为要路过国统区，如果哭闹就很容易暴露。一路上我们也没有缺吃的东西，老一辈们很关心儿童，给我们的待遇是比较好的，至少我们能够吃到粮食，但是在那个年代老一辈们都是省吃俭用的，而且粮食都非常有限。去香山之前，我们这些小孩都在西柏坡的"洛杉矶托儿所"，平日没有家长陪着，所以在前往香山的路上，我们是和家长分开走的，从西柏坡到香山以后，我们就在团中央托儿所了。

中国新民主主义青年团的建立

中国新民主主义青年团是在中国共产党领导下，坚决地为民主和平彻底实现而斗争的先进青年的群众组织。成立青年团就是要更好地发挥年轻人的作用，中国新民主主义青年团成立之际，正是中国革命最紧张、繁忙、关键的时刻，这时中国革命已经露出胜利的曙光，全党面临的任务是用最终的努力来实现全国的胜利。中共中央在中国革命迅速向胜利发展的形势下全力推进建团工作，表明党对即将建立的青年团寄予了厚望，对青年工作高度重视。父亲原来在陕西安吴青训班，在青年教育方面做出了一些成绩，也积累了丰富的经验。

1949 年 4 月 11 日至 18 日，中国新民主主义青年团第一次全国代表大会在北平召开，选举产生了新民主主义青年团第一届中央委员会，任弼时任名誉主席，我父亲任团中央书记。当时我们住在团中央

1949 年 4 月 11 日，中国新民主主义青年团第一次全国代表大会开幕。图为大会会场。

的宿舍，父亲工作很忙，经常开会和外出，所以我们见面比较少。父亲说他没有上过几年学，原来就只上过私塾，但是他写了很多东西，据说他在作报告的时候，特别有感染力，好多人都喜欢听他的报告，他也喜欢跟年轻人在一起。

父亲眼中的中共中央领导人和青年团

我常听父亲提起，毛主席是很关心青年工作的。在我父亲从事青年团工作期间，跟毛主席的接触还是很多的，毛主席很关心我父亲，而且多次对我父亲进行指导。中国新民主主义青年团的筹建工作自始至终得到了以毛泽东为代表的中共中央领导人的关怀。

在青年团召开会议，包括组织其他一些活动的时候，毛主席也经常参加。1948

1949 年 4 月 12 日，《人民日报》头版全文刊载了冯文彬在中国新民主主义青年团第一次全国代表大会上发表的开幕词。

年 12 月 27 日，毛主席还曾致信周恩来、刘少奇、朱德、任弼时和我父亲，对青年团筹备的重要事项进行指示。1949 年 4 月，在中国新民主主义青年团第一次全国代表大会召开期间，毛主席和朱德在香山接见了出席这次会议的代表。毛主席还为大会题词："同各界青年一起，领导他们，加强学习，发展生产。"

1949 年 4 月，毛泽东、朱德在香山接见出席中国新民主主义青年团第一次全国代表大会的全体代表。图为毛泽东、朱德在接受少年儿童献花，后排左一为冯文彬。

　　任弼时是中国新民主主义青年团的直接领导者。中国新民主主义青年团刚成立的时候，任弼时直接管理青年团，所以和我父亲接触比较多。父亲说过，当时在筹备青年团第一次全国代表大会时，青年团的工作纲领、章程、各种报告，任弼时都亲自审阅修改，有时还参加讨论。在召开中国新民主主义青年团第一次全国代表大会的时候，任弼时的身体不太好，但仍以高度负责的精神坚持在会上作政治报告，后来因身体不适，经过几次劝说最终由荣高棠同志代读完。在整个会议过程中，任弼时都同代表们一样地坐着，仔细地听着，工作人员建议他休息或搬软椅坐，他都拒绝了。当时父亲每天的工作进展都要向任弼时汇报。任弼时会作出一些指示和提出一些意见，有时候还会给我父亲写书面指示。任弼时勤勉刻苦、认真细致的精神和示范作用也让我父亲深受感动。

难忘父亲的教诲

父亲非常重视对于孩子的教育，从小就教导我们一定要努力学习，一定要听党的话。比如小时候我们入少先队是要申请的，而且是一批一批地入，学校会考察学生的学习情况和各方面表现，有良好表现的才能戴上红领巾。父亲鼓励我们要积极为加入少先队而努力学习，全面发展。我小时候上的是育英小学，平时都住在学校，学校不仅重视学习成绩，还要求学生自己打扫卫生，吃完饭要自己刷碗，自己的事情自己做。学校里也经常组织活动，在学校的角落成立了友谊角、爱国角，我们班的同学借此可以跟苏联的小朋友写信、沟通。学校里还倡导学生种蓖麻和养小动物，以此培养大家的动手能力。此外，父亲还教导我们要尊敬老师，遵守学校制度，还要关心爱护同学。比如上小学时我们班一个同学，他的父亲因飞机失事去世了，大家知道以后不仅关心他，还参加了学校举行的对他父亲的悼念大会。

在长达 70 多年的革命生涯中，父亲经历过对敌斗争的残酷岁月和坎坷曲折，但对党的事业始终忠贞不渝，毕生追求共产主义理想，具有坚定的无产阶级党性。他始终保持饱满的革命热忱，积极豁达的革命乐观主义精神，实事求是、严谨务实、勇于开拓进取的科学态度，以党的利益为重、敢于坚持真理的崇高品德，兢兢业业、任劳任怨、密切联系群众的工作作风，这些优秀的品质永远值得我们学习。

（整理人：温晓丽）

第 三 篇

百川归海　协商建国

决心跟党走　建立新中国

口述人：李济深之女李筱松

共产党坚决要"宜将剩勇追穷寇"，解放全中国。我父亲特别赞成共产党的这种主张，也认为划江而治不符合一个中国原则，他也愿意看到一个和平统一的中国，所以就决心跟定共产党，建立新中国。

李济深（1885—1959），广西苍梧人，1948年就任中国国民党革命委员会主席。1949年9月出席中国人民政治协商会议第一届全体会议。后历任中华人民共和国中央人民政府副主席、全国人民代表大会常务委员会副委员长、中国人民政治协商会议全国委员会副主席等职。

我的父亲出生于一个"亦耕亦读"的富农家庭。我的祖父是读书人，一辈子以教书为业，可是在父亲六岁的时候，我的祖父就去世了。祖父去世后，我的父亲又随他的叔父读书，从十几岁就开始求学，民国以后他就考取了梧州中西学堂，接受新式教育。

孙中山麾下的名将

父亲18岁那年，被选派去广东黄埔读陆军中学，两年后转入陆军速成学堂继续学习。毕业后在新军当见习官实习了两年，这时候设在保定的军咨府军官学校（就是后来的陆军大学）招生了，父亲进入陆大，他在陆大学习期间发生了辛亥革命。辛亥革命爆发后，父亲就跟着同学们一起南下，把保定附近浏河地方的铁路桥破坏掉，以阻碍清军南下镇压起义军。

后来父亲到了上海，到广东北伐军中做参谋工作，北伐军司令姚雨平特别欣赏他。民国成立后，他重返陆大学习了一年就毕业了。毕业后，父亲留校当教官，教了五年书。

1920年，父亲南返探亲，见到了他的老上级邓铿，与邓铿的一席长谈使父亲对孙中山及其领导的革命有了深刻的认识，了解了孙中山的三民主义，他当时就觉得只有孙中山才能救中国，于是参加了粤军第一师。因为自己有实践，又学过理论，很快就脱颖而出，由第一副官长升任为参谋长。

1923年，由于深受孙中山器重，父亲被任命为粤军第一师师长兼军参谋长，并兼任西江善后督办，父亲在西江任善后督办时干得特别出色。

1924年，父亲先后认识了毛泽东和周恩来。1月，国民党一大在广州召开，毛泽东参会并当选为国民党中央候补委员，在此期间认识了时任粤军一师师长、西江善后督办的父亲。11月，周恩来到黄埔军校任政治部主任，当时父亲担任教练部主任，二人在工作中密切配合，相互支持。我父亲比毛泽东和周恩来的年纪都大很多，但他很尊重也很欣赏这两位才能出众的青年。

孙中山先生一生致力于推翻帝制，振兴中华。1925年3月12日，他在北平逝世，留下了"革命尚未成功，同志仍需努力"的遗嘱。父亲是孙中山先生坚定的追随者。听说孙中山逝世的消息，正在梧州的他悲痛不已，提笔写下："循遗嘱数言，非到建国成功，虽死不瞑；为群众一恸，岂第感恩知己，独恋其私。"这是他悼念孙中山的挽联，也是他给自己提出的任务，要继承孙中山的遗志，打倒北洋军阀，完成国民革命的伟大任务，为建设一个独立、富强、民主、统一的中国而继续奋斗。

1925 年 3 月 24 日，梧州各界举行追悼孙中山先生大会，父亲在会上发表了演说。在他的倡议下，梧州各界决定筹建中山纪念堂，1928 年破土动工，1930 年就建成了中国第一个中山纪念堂，他对孙中山特别敬仰，而且把孙中山的治国理念牢记在心。

孙中山先生逝世以后，蒋介石逐渐掌握国民革命军的大权，公然破坏国共合作，背弃孙中山的三大政策。出于强烈的爱国情怀和执着的救国理念，父亲在错综复杂的历史环境中逐渐认清方向，深刻认识到蒋介石的独裁统治会给国家和民族造成灾难，想要改变国家命运，必须另辟道路。另一方面，通过接触与了解，他对共产党愈加认同与支持，并开始密切合作。

我父亲与毛泽东有很多书信往来。这些信件见证了许多重大的历史事件。比如 1936 年，父亲支持中国共产党"停止内战、一致抗日"的主张，建议订立抗日救国协议。毛泽东亲笔致函我父亲表示赞同并探讨合作细节，我父亲回信表示拥护抗日民族统一战线，提出愿在军事行动上与红军密切配合。

全国抗战爆发后，父亲更是积极推动第二次国共合作，蒋介石对此极为不满，便于 1940 年 8 月调我父亲为国民政府军事委员会桂林办公厅主任，试图削弱我父亲在国民党内的影响力。父亲在军委会桂林办公厅任职期间，营救了许多共产党人，同时在他的支持下，宋庆龄、陈嘉庚等人募捐的医药、器材、款项等大批援助八路军的抗战物资，经桂林运往陕北抗日根据地，使共产党领导下的抗日力量得到有力的支持和补充。

军事策反工作成效显著

1948 年 1 月 1 日，中国国民党革命委员会成立。1 月 4 日，民革成立军事小组专门从事策反工作。其实父亲从 1946 年就开始了策反工作。比如覃异之，他是黄埔毕业生，也是我父亲的学生。父亲在 1946 年 5 月由重庆前往南京途中经过四川万县时专门约见了覃异之，告诉他不要参加内战，对他进行秘密策反。我父亲的话对覃异之产生了巨大的影响，使他产生了反战意识。所以后来覃异之升任军长、兵团副司令、首都卫戍副司令等职时，他始终遵守我父亲的教导，对蒋介石发动的内战抱消极态度，反对打内战，最终在 1949 年率部起义，他说我父亲对他的教诲影响了他的一生。

父亲还专门派王葆真等到北方开展策反工作，王葆真通过各种关系找到了国民党第四十军军长和副军长，对他们晓以大义，劝其等待时机举行起义。策反工作后来显出了效果。1949 年 5 月，第四十军举行起义，河南新乡获得和平解放。

1946 年 7 月，吴化文到南京参加紧急军事会议时，专门拜访了我父亲。我父亲当面嘱咐他以后不要打共产党，遇到共产党可把军队撤到别的地方去。1948 年 9 月，在济南战役中担任国民党整编第九十六军军长的吴化文率两万余人战场起义，加速了济南战役的胜利。

在香港时，我父亲给各地各派的国民党军政人员，包括傅作义、程潜、李宗仁、白崇禧、黄绍竑等写了很多信，劝他们转变立场，与美蒋决裂。父亲领导民革积极说服傅作义进行和平谈判，促成了北平与绥远的和平解放；我父亲曾致信长沙绥靖公署主任兼湖南省政府主席程潜，劝说他认清形势，投向人民怀抱，同时秘密派程潜的老部下李世璋到湖南策动程潜起义；父亲还参与组织了川康起义和云南起义，给国民党反动派以沉重打击，加快了人民解放战争的进程。

响应"五一"号召

1948 年 4 月 30 日中共中央发布"五一口号"后，毛泽东第二天就派潘汉年给在香港的我父亲和沈钧儒送去亲笔信。我父亲收到来信非常高兴，当即就对潘汉年表示：完全支持毛泽东的提议，并立即开展响应"五一口号"的一系列行动。5 月 2 日，我父亲与沈钧儒，还有在香港的各民主党派的代表热烈讨论了"五一口号"，一致表示拥护，希望召开新政协会议，建立民主联合政府。我父亲当时在香港组织民革和各党派的民主人士，就是为响应中共的号召，争取早日召开新政协。当时的情况非常复杂，宋子文出任广东省主席后，曾经到香港游说我父亲，希望在广州建立新的政府，跟共产党划江而治，以保留华南的实力；白崇禧也曾派人带着亲笔信到香港，希望我父亲到武汉"主持大计"，想要打着他的旗号，与共产党划江而治；那时候港英当局和蒋介石政府还有外交关系，他们也希望我父亲能留在香港；美国政府也来游说我父亲，希望我父亲能代替蒋介石成立一个第三政府，跟共产党划江而治；苏联这时候也劝说共产党考虑划江而治。共产党坚决要"宜将剩勇追穷寇"，解放全中国。我父亲特别赞成共产党的这种主张，也认为划江而治不符合一个中国原则，他也愿意看到一个和平统一的中国，所以就决心跟定共产党，建立新中国。

"金蝉脱壳"奔向光明之路

国民党当局当然不愿意看到我父亲去解放区，并千方百计地进行阻挠，他们一直在严密监视着我父亲的动向，港英当局也派遣特工在我家对面租房日夜监视，名为"保护"，反正我家附近总有便衣和警察出现。虽然父亲想早点离开香港，但考虑到家属较多，往后的生活还没有安顿好等多方面原因，迟迟没有北上。为此，中共的方方等和我父亲联系，再次诚邀我父亲北上，并帮助我父亲解决实际生活困难，使他全无后顾之忧。在这种情况下，父亲最终决定北上。

中共中央接到我父亲已决定秘密离开香港北上解放区的消息后，极为重视和关心，对我父亲北上的行动倾注了大量的心血。周恩来亲自安排我父亲北上的行动，他派人租用了苏联的"阿尔丹"号货船，要求货船一定要直达大连，不能出任何差错。为确保万无一失，经过反复研究，他们为我父亲设计了一个利用圣诞节"金蝉脱壳"的出走计划。

1948 年 12 月 26 日，正值西方的圣诞节，香港正沉浸在节日的欢乐气氛中，港英当局警察也都休息放松了。当天，父亲按照预定计划在家大宴宾客，家里特别热闹。密切监视我父亲的王翠微夫妇也如约来到我家，还带了好多食品。赴宴的还有我父亲的三位挚友，他们假装在那里等着吃饭。像平常待客时一样，父亲的外衣就挂在墙角的衣架上。我家对面监视我父亲的特工将这一切看得一清二楚。让他们没有想到的是，晚宴开始后不久，父亲就离席去了洗手间，随后就悄悄地出了家门，坐上了约定好来接他的小轿车。我父亲和朱蕴山等同船北上的民革要员在预定地点见面了，他们在夜幕降临后，一起来到维多利亚港湾，装着泛舟游览的样子，一个多小时后才靠近要上的苏联货船，在夜色下悄悄地登上了"阿尔丹"号货船。

赴宴的人看我父亲没有回来，有人说他去看牙医了，大家就继续吃饭。后来一直等到晚上 8 点，我父亲还没有回来，吃完饭大家就散了，王翠微也忐忑不安地走了。令他没想到的是，那时我父亲已经悄悄地登上了船，后来他因此受到严厉斥责，还丢了"乌纱帽"。

我父亲上船以后，特意被安排在船长室，以避免海关检查。这次北上的人，都乔装成了商人，因为他们乘坐的是一艘商船，有的西服革履，假装经理模样；有的穿着皮衣或长袍马褂，扮成商人模样，身上还带着一套货物清单，以防海关对他们进行盘查。由于共产党对这次秘密活动安排得特别缜密，一路十分平安顺利。经过 12 天的航行，"阿尔丹"号货轮于 1949 年 1 月 7 日抵达大连港，这时大家才松了一口气。1 月 12 日，我父亲在沈阳致电毛泽东、周恩来："贵党领导中国革命，路线正确，措施允当，洽符全国人民大众之需要，乃获今日伟大之成就，无比钦佩。济深当秉承中山先生遗志，勉尽绵薄，为争取中国革命之彻底胜利而努力。"毛泽东和周恩来当晚就给我父亲复电，说"北平解放在即，晤教非远，诸容面叙"。2月15日，我父亲和其他民主人士一同参谒了哈尔滨东北烈士纪念馆，并留下题词。父亲的题词是："革命之血，烈士之灵。化春泥而培植，岂落花之无情，浩气无垠，人民永生。"

1949年2月15日，李济深参观哈尔滨东北烈士纪念馆时题词。

1949年2月15日，李济深赴东北烈士纪念馆参观时的题词。

新政协"一号提案"

1949年3月25日，毛泽东率中共中央和中国人民解放军总部从西柏坡来到北平。父亲和各民主党派负责人都前往西苑机场迎接。当晚，毛泽东还在颐和园益寿堂宴请了我父亲和各民主党派负责人。父亲当时回来以后就说，毛主席特别尊重民主人士，和他们一起商讨国家大事，并感叹说国民党已经穷途末日了，可是还在垂死挣扎，最后我父亲坚定地说要跟他们斗争到底。

在机场欢迎仪式上由于人太多，毛泽东没有时间与我父亲过多地交谈，于是他在香山双清别墅住下后，就专门邀请我父亲到双清别墅长谈，他们谈了关于国共和谈、新政协、将来新中国的外交等许多问题。在之后的日子里，父亲参加了很多次会议，每天都在为新政协的召开而奔波忙碌。父亲参加了新政治协商会议的筹备会，参与了《共同纲领》的制定和国家领导人的选举。

1949 年 9 月 21 日，中国人民政治协商会议第一届全体会议在北平中南海隆重开幕。大会进行了 10 天，父亲在第三天的大会上代表民革发言，说中国人民政治协商会议的召开"显示着中国人民空前的大团结"，也"显示着人民的新中国的光辉灿烂的前程"，新政协筹备会向大会提交的各项法案的基本精神和全部内容是"中国人民近百年来艰苦奋斗追求实现的目标"。发言处处体现着他对中国人民政治协商会议胜利召开的喜悦。会议期间，他又跟郭沫若、沈钧儒、黄炎培、马叙伦、陈铭枢等 44 人联名提交了一份重磅提案，即人民政协第一件提案《请以大会名义急电联合国否认国民党反动政府代表案》。提案内容如下："中华人民共和国已正式成立，拟请用中国人民政治协商会议名义急电在开会中的联合国大会，或用宣言普告全世界，否认国民党反动派的代表权，并要求从新由人民中国派遣代表参加，在人民中国正式代表参加大会之前，所有国民党反动派代表的发言、提案及所有的关于中国的决议，一概否认。"总之，就是要把中国在联合国的合法席位，从国民党反动派手里要回来，交还给新中国。这份提案是《主席团常务委员会关于代表提案的审查报告》中的第一案。由于该提案与黄琪翔、张难先等 16 人提出的第二件提案内容相近，所以两提案获得与会代表一致通过，交由本届政协所选举出的新中国中央人民政府执行。"一号提案"采用交中央政府执行的处理办法，不但直接体现其沉重的分量，也反映出其与此后政协实行的委员制提案有着本质的不同，具有十分重要的意义，在国内外产生重大政治影响。代表了四亿多中国人民向全世界庄严宣布：中国人民政治协商会议是真正代表中国人民意愿的会议，由中国人民政治协商会议产生的中央人民政府是中国唯一合法的政府，国民党反动政府无权代表中国人民！

参加开国大典

毛泽东和李济深在开国大典上。

1949 年 10 月 1 日下午，父亲穿着中共中央发的那套中山装，与毛泽东等领导人在天安门城楼上参加开国大典。广场上广大群众热烈欢呼。毛泽东向世人庄严宣告，中华人民共和国中央人民政府今天成立了。那天我父亲特别高兴，因为目睹过旧中国的破败，现在政权终于回到了人民手里；因为父亲经历过很多时代，清朝末年、民国，现在新中国成立了，中国共产党是真心关心劳苦大众的，是劳苦大众的领路人；因为父亲是孙中山先生的忠实信徒，中山先生的遗嘱是联俄联共、扶助农工，而且说要实现天下大同，这一天终于来到了，这是父亲一生中最高兴的一天。

生活中的父亲

我父亲是一个军人，所以他一直对自己要求很严格，几十年来每天都保持着晨练的好习惯。父亲年轻时常常骑马，到了晚年，他则每天到书房外的阳台上打太极，风雨无阻。父亲的另一种运动方式就是打台球。我家二楼有一间屋子就是台球室，有时他的朋友如叶剑英等就经常来打球，他们总是一边打球一边交谈。

父亲对我们也要求特别严格，生活要有规律，不允许自由散漫。在我家是不允许睡懒觉的，假日也是如此，七点一定要起床。三餐有固定时间，任何人不能违反，在饭桌上不能大声说话，浪费粮食更不允许，每个人都要把碗里的饭吃干净，掉在桌子上的饭粒也要捡起吃掉。我父亲本身就是一个特别节俭的人，因为他是农民出身，他深知农民的辛苦。

1950 年，李济深和夫人率子女身着解放装在北京西总布胡同留影。

父亲已离开我们多年，但他仍活在我们心里。父亲用自己的一生教育我们一切要以中华民族利益为上，要把自己的命运与祖国的繁荣昌盛紧紧地联系在一起，要为国家贡献自己的一切乃至生命。父亲的言传身教是宝贵的精神财富，是做人的准则，值得我们永远传承。

（整理人：王园）

为人民造福的『川北圣人』

口述人：张澜孙女张梅颖

表老回来后，就跟我们全家传达主席的话，教育后辈们要学习共产党人谦虚、谨慎、勤劳、简朴，全心全意为人民服务。表老确实是这么做的，一生都是这么做的。

张澜（1872—1955），四川南充人，伟大的爱国主义者，著名的民主革命家、教育家，德高望重的国家领导人之一，中国民主同盟的创建者和领导者之一。1949年9月出席中国人民政治协商会议第一届全体会议，当选为中央人民政府副主席，1954年当选全国人大常委会副委员长、全国政协副主席。

站在人民一边

三大战役胜利后，解放军一路南下，摧枯拉朽。当时在上海虹桥疗养院疗养的我的祖父张澜（字表方，被人尊称为表老）非常欣慰，立即转告四川的刘文辉，说："局势两三个月内将会有巨变。大西南是蒋的后方，那边也快解放了。一要注意蒋介石的动向，二要注意川康军队的动向，三要做好充分准备。权衡自己的实力，如果觉得实力很强，就尽早地归到解放区，归到人民队伍里来，和蒋脱离关系；如果觉得力量不够，那就等到解放军入川时起义。"刘文辉、潘文华这些四川的军阀都是表老的秘密盟员，具体什么时候起义，他们都听表老的。这个事情表老早已对毛主席做过承诺，最终他都兑现了。

1949年1月20日，中共中央让上海的潘汉年和刘晓通知在上海的张澜和黄炎培北上，参加新政协筹备。那时表老是被国民党特务严密监管的，没有办法轻易动身。

1月21日，蒋介石为三大战役的失利，引咎辞职，由李宗仁担任代总统。蒋介石仍握有实权，派他的亲信张群到西南，目的是要稳住西南大后方作为退路。张群离开上海之前，先到上海虹桥疗养院探望表老，说："老师，我要走了，你在四川还有什么事情要交办？"表老说："今日大局，你还看不出来吗？最好你要跟着人民走。"张群说："蒋公对我有知遇之恩，我不忍离他而去。"后来表老说："你回四川做点好事，将来你也有个好报。"表老给了他一个关在渣滓洞的37人的名单，要求他放人。张群当场就答应了表老。表老马上通知民盟四川省委，准备营救，找张群联络，最后放出来21个人。因为当时这些人被抓以后，家里都被抄了，表老就从合成银行给民盟的经费里拿出四两黄金，给这21个人做安家费。

1月24日、25日，李宗仁连续两次找表老和黄炎培，希望他们站在南京这一边，重新出山，斡旋国共关系。表老断然拒绝，并严肃地说："从前国共两党之争，我们是第三方；现在局势已经完全改变，是革命与反革命

张澜（右）与罗隆基在上海虹桥疗养院。

之争，我们坚决站在革命的一边，绝不再当调停人。"后来他又发表了一个声明，给李宗仁写了封信，表明了他的严正立场。中共中央对表老的态度给予高度赞许，使得南京方面的阴谋没有得逞。

上海解放前夕，蒋介石准备把表老投江杀害，布置得很严密。后来周恩来指示中共上海地下党负责人吴克坚，尽快与杨虎联系营救表老。杨虎是当时国民党的监察委员，原上海警备司令，虽然没有了实权，但仍有一定影响，手下有很多人，他们联手于 5 月 24 日把表老和罗隆基从上海虹桥疗养院成功救出，营救非常及时。当时，表老自己都觉得死定了，因为杨虎的人来救他们的时候，他本以为是来加害他们的。后来表老到了北平，周恩来去看他，给他讲营救的过程。表老非常感激，表示没有共产党，他这条命就没有了。

5 月 27 日，上海解放。经过这么多年的斗争，近 80 岁的表老终于迎来了人民的胜利。陈毅代表中共慰问表老，陈毅说："表老，你认识我吗？"表老说："好像不认识，我们没有见过。"陈毅接着说："你的长公子在清华大学的时候带着我和赵世炎（两人均为四川籍），到你家去，要求去法国留学，你老人家批准了。当时，你担任四川省长呀。"表老笑着说："我记起来了，是这么一回事。"

北上共商国是

6月15日，表老和罗隆基应邀北上参加新政协。6月24日，到达北平，当时周恩来、朱德、董必武、李维汉、郭沫若等到车站去迎接他们。6月25日、28日，毛泽东先后两次到北京饭店看望表老。在一次与毛主席交谈中，表老说："共产党真是了不起，一眨眼的工夫，摧枯拉朽地就把国民党消灭了，解放了大片领土，渡江以后，很快解放上海和西南五省，你们到底是怎么做到的？"毛主席说："我们没有什么超人之处，我们共产党人就是谦虚、谨慎、勤劳、简朴，就靠这八个字，还有为人民服务。"表老说："前八个字是中国的传统美德，是可以做到的。但是全心全意为人民服务，这恐怕很难。历朝历代谁来为人民服务？我觉得这是历代统治者的病根所在。"毛主席点点头，表示非常赞同。表老回来后，就跟我们全家传达主席的话，教育后辈们要学习共产党人谦虚、谨慎、勤劳、简朴，全心全意为人民服务。表老确实是这么做的，一生都是这么做的。

中国民主同盟代表张澜参加中国人民政治协商会议第一届全体会议时签到。

7月3日下午，表老来到了双清别墅，回访毛主席。毛泽东热情地说，"咱们要共同商量，建设一个崭新的中国"。"对于新中国的外交方针，民盟曾经提过建议，我们今天先从这个问题谈起好不好？"表老说："润之，建议是有过，但时过境迁，已是此一时彼一时了。美国不甘心放弃在中国获得的巨大利益，也就不能放弃对国民党政权的支持，这样，新中国与美国的关系就不可能得到根本的改善。在这种情况下，没有其他的选择，只能像主席所说的'一边倒'。我看，这也是不得已而为之呀。"毛泽东高兴地说："我们这个国家很穷，要进行建设困难很多，需要很多朋友来帮助……特别是有美国这样的强国做朋友，当然很好，我们求之不得呀！可是，问题不在我们这一边。只要美国一天不放弃扶持国民党政权的政策，新中国与美国的关系就一天也不能改善。我们曾经向司徒雷登提出过政治与经济分开的建议，但是遭到了他的拒绝。"

毛泽东说："我们现在可以明确一点，民主党派不是在野党，而是在朝党。我们早就设想，未来的新政府将是联合政府。民主党派将在这个政府中占有一定的地位。我们要联合执政，因为我们是一道斗争过来的，民主党派都是有功劳的。"表老说："这几年来，我们对中共的领导有了切身的体会，因而民盟是坚决拥护中共领导的。"毛泽东说："美蒋都做宣传，说我们是苏联的代理人。国内也有一些朋友，担心'一边倒'的外交会使中国丧失独立。这种担心是没有必要的。要知道，我们中国共产党人奋斗几十年，牺牲了无数生命，就是为了中国的独立和富强。不管什么时候，我们都不允许任何外国操纵我们的命运。这一点，还请朋友们放心。"

张澜在中国人民政治协商会议第一届全体会议上参与投票。

名副其实的"川北圣人"

表老的教育思想非常丰厚。无论是在川大当校长，还是中学教育、小学教育、幼儿园教育、特殊教育、留学教育、职业教育，凡教育的各门各类，他都干过，都有建树。

他在民盟成立以前主要是从事教育，从日本回来以后开始兴办实业，在南充办丝绸厂，他改造丝绸的制作工艺，办了丝绸厂和丝绸学校，专门培养丝绸方面的专业人才。还办了一家医院，做了很多造福百姓的实事。

从艰苦朴素这一点上来说，没人能与他比。他出身贫寒，在四川大学时，他一个月的工资是 500 块大洋，他全部拿出来作为贫困学生的奖学金。表老到哪儿都是借住在别人家，到重庆就住在鲜家"特园"，到成都就住在慈惠堂。慈惠堂当时是一个慈善事业的残疾学校。他创办的培根火柴厂做火柴的收益都用作开办学校的经费。他当选中央人民政府副主席后，有关部门给他挑选了一处住宅，他嫌太大拒绝了。最后他选择了马匹厂，连警卫都觉得太简陋了。后来因为外事活动的需要，给他调换了一个有客厅的房子——复兴门内嘉祥里 5 号，这个院子也不是很大，与外面传的说我们家 84 间房子、多少个院子完全不符。

当时为了照顾他的生活，国务院给他每个月 200 块钱补助，表老坚持不要。200 块钱在当时是很大的数字，老百姓每月只挣十几二十块钱。中央统战部部长李维汉曾感慨说："表老者，天下之大佬也，名不虚传。"表老及家属始终都没有领过这笔补贴。

表老去世后，一位中央领导来慰问，看到表老生前的一个旧皮箱里面都是摞着补丁的旧衣服和袜子，有的补了好几层，去的人都掉泪了。表老一直都是这样的无私，一生清廉，被称为"川北圣人"。

（整理人：陈宇蛟）

为民主和平而战的日子

口述人：沈钧儒之孙沈宽

爷爷的一生真正做到了他经常说的一句话："一身许中华"。他的信仰和理想很坚定，积极与中国共产党合作，以拳拳爱国之心为中国的前途和命运探索人民民主之路，为和平民主奋斗终生。

　　沈钧儒（1875—1963），浙江嘉兴人，1944年当选为中国民主同盟中央执行委员及常务委员。解放战争时期，他为反对内战、争取和平，建立和扩大爱国统一战线作出了巨大贡献。1949年参加新政治协商会议筹备会，任常务委员会副主任；同年9月参加中国人民政治协商会议第一届全体会议。新中国成立后，历任中央人民政府委员会委员、全国政协副主席、最高人民法院院长、全国人大常委会副委员长等职。

我的爷爷出生于江苏省苏州市，原籍是浙江省嘉兴府（今嘉兴市）秀水县。1904 年夏天，他考中进士后被签分刑部贵州司主事。当时他看到日本在明治维新后日益富强，毅然放弃官职申请赴日留学，寻求救国出路。1905 年他赴东京私立法政大学速成科留学，学习法律。在日本学习期间，除了勤攻课业，爷爷还努力钻研日本宪政运动，参加了杨度、熊范舆等创立的宪政讲习会，开展立宪运动。爷爷在日本留学三年，回国之后没有选择当官，而是成为一名律师。他虽然是律师，却不是为了钱去办案子，有时候为了正义他可以不要钱，后来多次为同胞辩护，救助了一些共产党员，比如大家都知道的陈赓。1933 年，陈赓由于被叛徒出卖，在上海被公共租界工部局非法逮捕。爷爷和宋庆龄等人去南京与国民政府进行交涉，替他辩护，最后经过各方积极营救和全国舆论的压力，陈赓被释放。所以，某种意义上可以称爷爷为"政治律师"。

争取和平反对内战

1936 年 1 月，上海各界救国联合会成立，爷爷被推举为主席。继而全国各界救国联合会成立，爷爷当选执行委员兼常务委员，负责组织工作。爷爷参与起草了全国各界救国联合会宣言和《抗日救国初步政治纲领》，提出建立一个全国统一的人民救国阵线。1941 年，中国民主政团同盟成立的时候，爷爷为了回避不必要的纠纷和麻烦，他本人并未参加这个组织。第二年春天，爷爷和救国会加入了中国民主政团同盟。不久，爷爷坚持抗战、坚持民主、要求实施真民主的立场为国民党所不容，国民参政会将他们这些参政员全部除名。1944 年 9 月，中国民主政团同盟改组为中国民主同盟，爷爷当选为中央执行委员及常务委员。1945 年，救国会将名称改为中国人民救国会，爷爷当选为主席。

在重庆谈判之前，爷爷已经接触中国共产党，并且也帮助共产党做了一些事情。当年，爷爷经常和中国人民救国会的核心成员潘汉年、阎宝航商量事情，建立了深厚的友谊。当时爷爷知道他们是共产党员，但从不对外说。通过与他们的接触，爷爷对共产党的了解更直观、更深刻了。

1945年，为了壮大争取和平民主力量、实现和平建国，以毛泽东为首的谈判代表于8月28日飞抵重庆与蒋介石谈判。爷爷在这次重庆谈判的时候第一次见到了毛主席，也正是那次见面，他与中国共产党建立了良好关系。当时毛主席刚到重庆，包括爷爷在内的民主党派领导人和国民党部分人员以及各界进步人士等纷纷前去拜会，他们的去意各有不同，但是关心国内和平这一点是共同的。当时毛主席提出的"和为贵"的主张深入人心，从而争取了像爷爷一样的中间势力，瓦解了顽固势力，尽可能团结了一切可能团结的人。9月11日晚上，毛主席在重庆桂园宴请了包括我爷爷在内的民主党派人士，向他们介绍了当时两党谈判的情况，并征询了他们的意见。有一天我爷爷在与毛主席长谈后，担心毛主席的安全，就跟毛主席说与国民党和谈需要提高警惕。因为爷爷深知蒋介石言而无信，他不相信和谈有成功的可能，担心中国共产党会上当。毛主席耐心地说，这次国共和谈是一定要成功的。我们干一件工作，开始都会感到没有什么把握，这是可以理解的。如果一开头就有了一半的希望，再加上大家努力来促成，事情就会好办了。在重庆谈判期间，我爷爷多次与毛主席和周恩来会晤并交换意见，因为爷爷早年当律师的时候免费给家庭困难的人做辩护，所以毛主席对爷爷非常尊敬。见面也是毛主席先主动向他问好，毛主席一般不出门送客，但却要送我爷爷出去。

1946年1月，政治协商会议在重庆召开，爷爷作为中国民主同盟代表之一参会。在开会前夕，重庆《新民报》记者访问了包括我爷爷在内的代表。爷爷当时跟记者说："政治协商会议参加的代表都是有能力、有经验而且热心于政治的人士，会议又系应国内国际之需要而召集，不能不寄予最大的希望。"爷爷在谈及联合政府的性质时说："第一要结束一党政治，各党各派及无党无派共同组织政权。第二，参加的人士不是作为咨议的性质，而要有实际的行政权"，最后爷爷坚决表示"今日政府，要不自行改革，那么人民将要起而代之"。现在看来，他那会儿已经做好随时挺身而出的准备了。后来内战开始，爷爷坚决反对中国人打中国人，因为前期与共产党人的交流沟通很融洽，也看到了共产党为了和平、民主作出的种种努力，因此他更加认同中国共产党的理念。爷爷为争取人民的民主权利，反对内战、实现国内和平，辗转于重庆、上海、南京等地进行斡旋。

北上见证新中国的诞生

1948 年 4 月 30 日，中共中央发布了"五一口号"，提出迅速召开政治协商会议、成立民主联合政府的号召。5 月 1 日，毛主席致函我爷爷和李济深等人："在目前形势下，召集人民代表大会，成立民主联合政府，加强各民主党派、各人民团体的相互合作，并拟定民主联合政府的施政纲领，业已成为必要，时机亦已成熟。"信中特别邀请我爷爷等民主党派领袖和社会贤达于秋季到已经解放的哈尔滨，讨论并决定新政治协

1948 年民主人士离开沈阳前在火车站合影。从左至右：许广平（左一）、沈钧儒（左二）、郭沫若（右一）、罗淑章（右三）、李德全（右四）等。

商会议的一应事项。5 日，爷爷及其他各民主党派及无党派民主人士联合致电毛泽东并通电国内外，表示响应中共"五一口号"。

后来，中共中央组织民主人士北上到解放区，我爷爷是第一批。1948 年 9 月，爷爷秘密离开香港赴东北解放区，代表民盟参加新政治协商会议的筹备工作。

我爷爷和李济深等一行到达解放区后，1949 年 1 月 22 日，与各民主党派代表及无党派民主人士发表联合声明《我们对时局的意见》，指出："愿在中共领导下，献其绵薄，共策进行，以期中国人民民主革命之迅速成

1949 年 2 月沈钧儒抵达北平，受到热烈欢迎。

功，独立、自由、和平、幸福的新中国之早日实现。"2 月，爷爷抵达北平。3 月 25 日，爷爷和 160 余位民主人士在西苑机场欢迎毛主席等中共中央领导，毛主席同他们进行了亲切交谈。后来爷爷参加新政协筹备工作，并任常务委员会副主任。6 月 15 日，爷爷在新政治协商会议筹备会开幕典礼上讲话，表示中国共产党、中国民主同盟和各民主党派"渴盼着真正的民主的和平"，只有扫除了国民党这一反动统治，"实现了全国人民的国家主人翁地位的时候，各阶级、各党派、各团体、各民族的人民大协商，才能保

1949 年 6 月，中国民主同盟代表沈钧儒在新政协筹备会上讲话。

证国家人民所需要的真正民主与持久和平的实现"。他相信，在中国共产党和毛主席领导下，在筹备会全体同仁的一致努力下，一定能够完成建立一个独立、民主、和平、统一与富强的国家的历史任务。9 月下旬，爷爷参加中国人民政治协商会议第一届全体会议，当选为中

国人民政治协商会议全国委员会委员。

10月，爷爷被任命为中华人民共和国中央人民政府委员会委员，并任中央人民政府最高人民法院院长、中国人民政治协商会议第一届全国委员会副主席。12月，民盟一届五中全会上，爷爷当选为中国民主同盟副主席，同时他还积极参加法学研究会等筹备工作。

继续为祖国效力

爷爷的想法跟以前的文人是一样的，就是过了70岁就不当官了。新中国成立时，爷爷已经70多岁了，他觉得应该告老还乡，但中共中央极力挽留。于是他依然努力为国家建设、新中国成立初期人民法制体系的建立、巩固人民民主专政作贡献，包括代表中央人民政府率中央访问团对西北少数民族地区进行访问，宣传民族政策，传达中央人民政府对各族人民的关心。后来，他还率中国人民代表团访德意志民主共和国参加"德中友好月"活动，出席国际民主法律工作者协会第五届代表大会，当选为国际民主法律工作者协会副主席。

后来，爷爷抱病出席周恩来为招待70岁以上的全国政协委员、全国人大代表和民主党派人士所设的宴会。周恩来在宴会上高度赞扬我爷爷对中国革命和建设作出的贡献。爷爷的一生真正做到了他经常说的一句话："一身许中华"。他的信仰和理想很坚定，积极与中国共产党合作，以拳拳爱国之心为中国的前途和命运探索人民民主之路，为和平民主奋斗终生，被周恩来总理赞誉为"民主人士左派的旗帜"。

（整理人：刘延岩）

从延安『窑洞对』到北京香山双清别墅长谈

口述人：黄炎培之子黄方毅

父亲作为民主人士，参与和见证了新中国的诞生和成长。父亲的一生，是为国为民的一生，他与中国共产党真诚合作、携手前进，实现了救国救民的夙愿。

黄炎培（1878—1965），江苏省川沙县（今属上海市）人。著名教育家、实业家、社会活动家，中国民主建国会创始人之一。1945年发起组织民建。1948年积极响应中国共产党的"五一口号"。1949年参加筹备并出席中国人民政治协商会议第一届全体会议。新中国成立后，历任中央人民政府委员、政务院副总理兼轻工业部部长、全国人大常委会副委员长、全国政协副主席等职。

在延安的第一次长谈："历史周期率"之论

在抗日战争即将取得胜利之际，为实现和平建国，以父亲等为代表的民主人士积极斡旋，希望早日促成国共谈判。1945 年 7 月 1 日，父亲一行六人到达延安，进行了四天的考察。7 月 4 日夜里，毛泽东跟我父亲进行长谈，他们之间的这段对话，至今为人所传颂。

父亲说："我生六十多年，耳闻的不说，所亲眼看到的，真所谓'其兴也勃焉，其亡也忽焉'，一人，一家，一团体，一地方，乃至一国，不少单位都没有跳出这周期率的支配力。大凡初时聚精会神，没有一事不用心，没有一人不卖力，也许那时艰难困苦，只有从万死中觅取一生。既而环境渐渐好转了，精神也就渐渐放下了……一部历史，'政怠宦成'的也有，'人亡政息'的也有，'求荣取辱'的也有。总之没有能跳出这周期率。"毛泽东作答："我们已经找到新路，我们能跳出这周期率。这条新路，就是民主。只有让人民来监督政府，政府才不敢松懈。只有人人起来负责，才不会人亡政息。"长谈之后毛泽东很兴奋，并连夜召集中央五大书记开会讨论周期率问题。

7 月 5 日，父亲离开延安返回重庆。到达重庆之后，父亲便闭门谢客一周，由他口述，我母亲姚维钧执笔，专门写了一本书叫《延安归来》，讲述此次延安之行的所见所闻，其中还特别提到了与毛主席关于周期率的对话。由于当时国民党反动政府

毛泽东与黄炎培在延安。

的出版社审查严格，父亲就自己出版这本书。该书社会反响强烈，一连出了好几版，每次都被一抢而空。《延安归来》把共产党的形象，特别是这段对话传播到了社会各界。

延安归来之后，我父亲跟国民党关系就日趋紧张，国民党当局对他非常忌惮，在 1946 年 1 月 26 日，国民党指示把我们重庆的家给抄了，我们家 2 月份从重庆迁回了老家上海。

1948 年底，国民党发布通缉令，张治中告诉我父亲他在"黑名单"中是第一个。杜月笙也告诉我父亲，他被通缉了，列为第一位，随时有生命危险，并劝我父亲赶快逃跑。当时我年纪很小，我上面有两个姐姐。我父亲和我母亲带着我大姐先做了个"假动作"，在家大宴宾客三天，实际上他们早就从后门跑掉了，我姨母带我们还继续在家宴请宾客，此时我们家周围已经被国民党特务包围了，我记得那时每次姨母带我出门就指着家门口卖糖的说，这就是探子，国民党探子在那盯着我们。

父亲和母亲带着大姐逃出家门之后，在我一个姐姐家躲了一夜，第二天早上，在地下党的安排下，我们在上海的一个港口送我父亲他们坐海轮离开。父亲他们先到台湾停留了一段时间，之后在香港待了一个多月，父亲是最后几批从香港北上的民主人士。1949 年 3 月 23 日，父亲他们坐船抵达天津，3 月 25 日由天津到达北平的前门火车站，下榻六国饭店。

在双清别墅的第二次长谈："四面八方"与城市接管

1949 年 3 月 25 日，毛泽东从西柏坡抵达北平，当天下午到达西苑机场参加阅兵。当时在西苑机场迎接毛泽东的民主人士包括我父亲和李济深、郭沫若、马叙伦、马寅初等。阅兵结束以后，当晚毛泽东在颐和园益寿堂宴请民主人士。随后，毛泽东入住双清别墅开始工作，第二天下午 5 点，我父亲受邀来到双清别墅，成为主席入住双清别墅之后的第一位客人。

毛泽东那时就站在双清别墅门口迎接我父亲，俩人见面后先是叙旧，重温了延安会面后中国革命形势的变化。在延安的时候抗日战争还没有胜利，现在不仅抗日战争早已胜利，而且国民党即将溃败，共产党已经进京了。在交谈过程中，我父亲说道："现在大家都在唱《东方红》，可见大家对您都是非常尊重的。"毛泽东说："我现在是诚惶诚恐，我们的一切政策决定都会影响到中国四万万人的命运，我们还面临着很多艰巨的任务。"我父亲听后说到："主席您这种诚惶诚恐恰是克服周期率的

1949年3月14日，黄炎培离港北上，于25日抵达北平，董必武、李维汉等到车站迎接。9月21日，黄炎培作为代表在中国人民政治协商会议第一届全体会议开幕式上讲话。图为当时黄炎培参加新政治协商会议时穿过的衣服。

最好的保证。您有这种心我们就放心了，新中国的未来我们拭目以待。"主席说："你不能拭目以待，不能做旁观者，不能做客人，你看到什么问题，就要指出来。"后来我父亲就说："看来我这把老骨头又有用武之地了。"

　　之后他们又谈到了新中国成立后的安排。毛泽东问我父亲："黄老你能帮我一个忙吗？我知道你是教育界的元老，但是我希望建国以后，你做民营经济发展的领军人物，我们共产党要发展民营经济。请您向工商界传达我们共产党的政策，也要向我们反映工商界的诉求，我们希望您能扮演好这个角色，这对国家、对我们共产党、对人民都有巨大裨益。"

　　1949年5月27日上海解放，但我二哥黄竞武却在上海解放前夕被国民党活埋了。当时二哥在中央银行做高级职员，由于他阻拦国民党当局把黄金抢运到台湾，再加上他是黄炎培的儿子，国民党当局特别忌恨他，就把他抓起来活埋了。上海解放之后，经济一片乱象。6月份中央给我父亲一个重大的任务，希望他回上海去安抚人心，帮助稳定经济混乱的局面。父亲就组织了一个代表团去上海，他们6月21日离开北平，25日抵达上海。

黄炎培（前右一）与家人合影，后右三为黄竞武。

在我父亲临走之前，周恩来、李维汉、陈云先后到家谈话，给我父亲布置具体的任务，包括做哪些人的工作、怎么做等，同时请我父亲劝说已经迁往香港的杜月笙不要去台湾。后来也就有了父亲三劝杜月笙的故事。

风雨与共　肝胆相照

1949 年 7 月，陈云从东北调到北平负责筹备组建中央财经委员会，陈云做主任，邀请我父亲做副主任，但是他几番推辞。后来周恩来到家里亲自劝说我父亲，我父亲依然表示，我这辈子不做官，但我推荐马寅初做副主任。周恩来说："马老是经济学家，我们自然欢迎他做副主任，但是你也得做副主任。"最后到了 8 月，我父亲在中共中央的一再劝说下，就担任了中央财经委员会的一名委员。

1949 年 8 月 5 日，华盛顿发表了《美国与中国的关系》白皮书，公然诋毁中国共产党和即将宣告成立的新中国。父亲读了白皮书后，立即组织民建其他负责人在北平召开座谈会，并于 8 月 24 日在《人民日报》上以黄炎培和民主建国会名义发表了《加强内部团结和警惕　答告美帝好梦做不成》的声明。毛主席在读了这份声明后，欣然命笔，给我父亲写了一封信，对民建斥白皮书发言，表示褒奖，信中说：

　　对白皮书的声明写得很好，这对于民族资产阶级的教育作用是极大的，民建的这类文件（生动的积极的有原则的有前途的有希望的），当使民建建立自己的主动性，而这种主动性是一个政党必不可少的。

　　我父亲阅信后立即复信主席，这是我父亲在新中国成立前夕第一次以书信方式向中共中央领导人阐述他的看法和意见。复信中写道：

润之主席：

　　读尊示对民建斥美帝白皮书的发言的指示，我们是很感动很兴奋的。

　　民建自接受团结全国民族资产阶级任务以来，我们常在奋勉之中带一些悚惧，不是对外倒是对内的教育问题，整个的对外政策的胜利我们确是有信心的。问题是在如何使得一般民族资产阶级迅速了解到建设中斗争，斗争中建设的道理，而鼓起他们的勇气，发挥出力量来，希望主席指教。

　　此文经过在平许多民建同人开会研究，小组讨论而定稿，执笔起草者是孙起孟兄。谨谢厚爱，并致敬礼。

　　主席收到我父亲的回信后，想起与我父亲间的交往，再复信一封。父亲收到信后，反复阅读了几遍。8月29日，我父亲决定再写一封回信，将他思考多时的肺腑之言向主席一吐为快，回信中谨陈三事：1.附职教社文（此文章题目为《中华职业教育社奋斗三十二年发见的新生命》），乞教；2.对民主集中制意见乞教；3.附朱劼成信。其中对民主集中制意见乞教写道：

　　各方都倾心接受民主集中制，我意此时急须将这一名词，作一番具体的说明，……据我所读到的，民主集中制初见于1938年中共抗日救国十大纲领第四项，而刘少奇先生修改党章报告第五节亦已详确地分析清楚。我意再为具体说明。例如民主集中制必备之条件：组织、首脑、小组，它的施行法。关于选举：及编奉名单起到开会当场无记名圈送，应该怎样怎样。关于开会怎样召集、讨论、议决，到怎样通过记录，怎样保留不同意见，以及关于执行、关于检讨奖惩等等，一一举出实例，说明理由，这些天工夫，管见颇以为需要。只不知已有人做过没有？尊见以为怎样？敬求公余赐教。

新政协筹备过程中，父亲提出了很多建设性的意见，其中就有关于新中国国名的建议。当时父亲主张中华人民共和国简称中华民国，结果被大多数人否定了。

1949 年 10 月 8 日前后，为了请我父亲做中华人民共和国政务院副总理，周恩来连续两天来到我们家劝说我父亲，最后父亲同意了。因为父亲在几十年前就曾公开宣布此生不当官。所以，在接受政务院副总理的任命后，便专门写了一篇《为参加行政工作一封公开信》，文中写道："我自从参加人民政协，就参加中央人民政府，接受了政务院工作。33 年来给我官不做的我，现在怎么做起来了？这点愿向诸位说明一下：人民政府，是人民的政府，是自家的政府。自家的事，需要人做时，自家不应该不做，是做事，不是做官。"

香山时期，中国共产党诚邀各界人士筹备新政协、筹建新中国，体现了共产党人和党外人士的真诚合作，风雨与共、肝胆相照。父亲作为民主人士，参与和见证了新中国的诞生和成长。父亲的一生，是为国为民的一生，他与中国共产党真诚合作、携手前进，实现了救国救民的夙愿。

（整理人：董良）

父亲觉得蚂蚁在生物界是非常具有牺牲精神和团队精神的，蚂蚁在迁移过程中遇到了沟坎的时候，需要有蚂蚁用身体去填平沟坎，这时候所有的工蚁义无反顾地承担起这项责任。父亲就希望自己成为革命队伍中的一只"蚂蚁"，为革命事业贡献自己的毕生力量。

郭沫若（1892—1978），四川乐山人。中国马克思主义历史学家和古文字学家，杰出的作家、诗人和戏剧家，革命的思想家、政治家和著名的社会活动家，百科全书式的文化巨匠。1949年9月，参加中国人民政治协商会议第一届全体会议。新中国成立后，曾担任中央人民政府政务院副总理兼文化教育委员会主任、中国科学院院长、全国人大常委会副委员长等重要职务。

《甲申三百年祭》

1944 年是明朝灭亡 300 周年。1944 年 1 月，重庆文化界进步人士在天官府号郭寓集会，大家商定以 300 年前甲申年明朝灭亡一事为主题，写些纪念文章。柳亚子先生是研究南明史的泰斗，大家都很期待他能够写这一篇文章，当时可能柳亚子先生的身体情况不是太好，所以这个题目就临时落到了我父亲郭沫若的头上。但是我父亲不是研究南明史的，也不是研究清史的，这个题目对他来讲，包括对任何人来讲都具有挑战性。就在这种时间紧迫，并且图书资料比较匮乏的情况下，父亲接下了这个任务。那时候的大学或者文化机构的一些资料是借不出来的，为了能够查阅这些资料，他需要用最短的时间把这些东西手抄下来，所以工作量可想而知。最终，这篇文章成为他在明史研究上留下的一部经得起推敲的著名史论著作，其最突出的成果之一是在农民战争史问题上提出了前所未有的新的马克思主义史学观的见解，他认为应该重新认识闯王李自成的形象。

这篇文章 3 月 19 日在《新华日报》刊出，连载四天，到 22 日全部载完，一石激起千层浪。文中的论述被国民党反动政府认定是在"影射当局"，马上组织专人撰写社论围攻责难；而身处延安土窑洞中的毛泽东却从中读出了另一番警示与深意，他高度重视汲取明末农民起义领袖李自成失败的教训，认为中国共产党应当增强忧患意识，做到警钟长鸣。他要求《甲申三百年祭》一文要在《解放日报》上全文转载并印发单行本，并决定把它作为整风文件让党内的同志认真学习，要求全党引以为戒，加强思想建设。对于这篇文章的社会影响，一方面要看到中国共产党的重视，另一方面也要看到国民党方面的反应。这篇文章在一定程度上启发了毛泽东对于中国共产党应该如何加强党的建设的思考，但是国民党方面是很不高兴的，这等于是对人民群众力量的歌颂，国民党给该文扣上的帽子是"反常心理，鼓吹战败主义和亡国思想"，把"断送国家、灭亡民族的流寇，夸扬为革命"。所以父亲在后来也说，这两种反应，表现出国民党反动政府在历史事实面前的一种软弱，不能也不敢面对人民的力量。

《甲申三百年祭》得到了毛泽东同志的高度重视，但我父亲很少提及他因为这篇文章得到主席肯定的事情，对于主席后来给他写信高度评价《甲申三百年祭》这件事也是很平静的，之后他马上把所有精力又集中到他所关注的古代史研究上。其实，父亲还是一直想把《甲申三百年祭》里涉及的历史研究继续下去，甚至还打算把李自成代表的农民运动写成剧本，特别是关于红娘子和李岩之间的

郭沫若著《甲申三百年祭》（1945 年）

事情，但最终因为时间有限，并且缺少历史材料的支撑而没有进行下去，这件事情也算是一点遗憾。

北上纪行

1948 年 4 月 30 日，中共中央发布纪念"五一"国际劳动节口号，号召"各民主党派，各人民团体，各社会贤达迅速召开政治协商会议，讨论并实现召集人民代表大会，成立民主联合政府！"。"五一口号"发布后在国内外引起强烈反响，各民主党派、人民团体和无党派民主人士热烈响应。1948 年 5 月 5 日，我父亲与李济深、沈钧儒等 12 名民主人士联名通电国内外和中共中央主席毛泽东，响应中共"五一口号"。通电指出，中共"五一口号""适合人民时势之要求，尤符同人等之本旨"，"全国人士自宜迅速集中意志，研讨办法，以期根绝反动，实现民主"。1948 年 5 月，香港华商报社主办"目前新形势与新政协"座谈会，20 余名民主人士应邀参加。我父亲首先发言："中共中央发表了这个号召，是适时的，正切合人民目前

的需要，足见人同此心，心同此理。现在海内外各党派都已通电响应，但还需要大家来响应，每个人都要发表意见，因为这是大家的事，这是大家的要求。对于工商界、工人、农民、学生，要广泛地征求他们的意见，广泛地把大家的意见表达出来。这不仅关系到目前，而且也是百年大计，为我们后代子子孙孙打下幸福的基础。"也是从中共发布"五一口号"起，波澜壮阔的协商建国序幕正式拉开。

1948 年 8 月 1 日，毛泽东复电我父亲等人士，文中提及："现在革命形势日益开展，一切民主力量亟宜加强团结，共同奋斗，以期早日消灭中国反动势力，制止美帝国主义的侵略，建立独立、自由、富强和统一的中华人民民主共和国。为此目的，实有召集各民主党派、各人民团体及无党派民主人士的代表们共同协商的必要。关于召集此项会议的时机、地点、何人召集、参加会议者的范围以及会议应讨论的问题等项，希望诸先生及全国各界民主人士共同研讨，并以卓见见示，曷胜感荷。"次日，周恩来致电钱之光，让他以解放区救济总署特派员名义前往香港，会同中共中央香港分局书记方方等，从事接送在港民主人士进入解放区参加筹备新政协的工作。在钱之光抵达香港之后，中共中央香港分局有关人员同他一起研究了护送民主人士进入北方解放区的问题，并建立了一个专门工作领导小组。

9 月，中共中央拟定了受邀参加新政协的 77 人名单，详细列出了每一个党派的受邀代表。对如何安排民主人士北上，中共也是下了很大的功夫。首先要确保安全，从香港到东北解放区，有三条线路可以选择，一是陆路，因为要经过很多国民党控制地区，是很危险的。二是空路，坐飞机到欧洲，再从欧洲转到北平，但是路途太遥远，中间也可能发生意外。所以，最后决定走水路，因为那个时候中国共产党在东北逐渐打通一条从大连到香港的航线，这一条货运航路解决了运送物资和信息流通的问题，最终在这种情况下，决定由同民主人士有密切联系的中共中央香港分局相关同志作具体联络和安排，将民主人士通过海路护送到东北来，为安全起见，首选苏联的船只。第一批北上民主人士乘坐的是苏联船，当护送第二批民主人士的时候同样是准备好了一艘苏联船，但是这艘苏联货船在香港的港湾和一艘英国船碰撞，苏联货船需要修理。所以只好临时改变方针，去找了另外一条信得过、挂着挪威国旗的货船，名为"华中轮"。因为这个插曲，第二批北上民主人士的行期自然也就推迟了，推迟到了11月23日启程。包括我父亲在内的第二批民主人士在23日的深夜登船，如果按照原来的计划乘坐苏联船，就可以直接进入大连港，但苏联以外的船只不能进入军港，所以这艘货轮只能在另外一个小岛上靠岸，然后用木船接到岸上来。我父亲等一行人12月6日到达沈阳。

这个消息由中共中央东北局负责接船的同志报告给中共中央香港分局。为防止走漏消息，由香港分局的同志分头到民主人士的家中把安全抵达的消息告诉他们的家属。据罗培元回忆，把这个消息送到我家时，我母亲恰巧不在，他就留下了一个字条，母亲回来看到字条后非常高兴，然后才告诉我们说父亲离开家的这些天，实际上没有去达德学院讲学，而是去了东北解放区。我当时年龄还小，但是哥哥姐姐们早已经无数次听到过解放军这个词，特别是几个哥哥，早就盼望着看到解放军了，所以当他们知道父亲到了解放区也特别高兴。后来等我懂事了，我才知道父亲早就在诗里写了对我们的嘱托："寄语小儿女，光荣中长大，无须念远人，须念我中华。"

按照香港工委的提醒嘱咐，为了防备不测，北上的每个人都戴了一枚金戒指，万一遇到困难，也许可以派上用场。我在父亲的诗里了解到他已经跟母亲商量好了，

1948年11月在"华中轮"上，马叙伦、郭沫若、许广平、周海婴、曹孟君与侯外庐（左起）合影。

如果路上没有发生意外的话，到了东北就把这枚戒指捐献给人民军队，支援解放战争。

为了顺利护送他们抵达东北，中国共产党做了充足的准备。在照片上我们能看到，在船上的时候，他们每个人都穿着各自的衣裳，我父亲穿了一件棉长袍，上岸以后大家集体照相，他也是穿的长袍，但后来到了北平就可以看到他穿的就是貂皮领的大衣了，而且不仅是他一个人这样，好几位民主人士都是这样穿的，可以看出来大衣是中共中央东北局为他们准备的。

1949 年 1 月 22 日，我父亲和其余 54 名民主人士联合发表了《我们对时局的意见》的声明："在人民解放战争进行中，愿在中共领导下，献其绵薄，共策进行，以期中国人民民主革命之迅速成功，独立、自由、和平、幸福的新中国之早日实现。"2 月 25 日，父亲和到东北的各民主党派负责人和无党派民主人士共计 37 人一起由中共中央代表林伯渠陪同，自哈尔滨经沈阳、天津到达北平。在火车将要驶进北平的时候，父亲有感而发写下一首绝句："多少人民血，换来此尊荣。思之泪欲坠，欢笑不成声。"父亲的这首诗，也是对他革命经历的感慨和追忆。辛亥革命后，他为了寻找救国之路，离开四川到北京求学，后来得益于伯父给他提供了到日本留学的机会，他接触到了先进的新思想。从 1913 年在北京的短暂停留，到 1949 年新中国即将成立，已经过了 36 年，父亲心中自然感慨万分。2 月 26 日，中国人民解放军平津前线司令部、北平军事管制委员会、中共北平市委、北平市人民政府在中南海怀仁堂举行了盛大的欢迎集会，欢迎到北平的各界民主人士代表，共有 400 多人出席。父亲在会上很激动，觉得无上荣光，但是同时他也知道这样的荣光不是轻易得来的，是多少人民的鲜血换来的，他也在心里反复地思考着这样一个问题，过去可以批评执政者，批评国民党，批评蒋介石把国家治理得不好，但是今天如果我们自己不能够把国家治理好的话，我们就是罪人，所以大家应该团结起来，摒弃一己之见，坚决拥护中国共产党的领导。

"黑暗中苦斗着的太阳"

6月11日晚，在毛主席双清别墅寓所举行新政治协商会议筹备会首次预备会议。我父亲和李济深、沈钧儒等民主人士一同受邀参加，与毛主席和周总理商谈了关于新政协筹备会召开的事宜。此次会议研究决定了新政协筹备会参加单位、人数和人选，筹备会组织条例草案，筹备会分组，筹备会日程等问题。

6月15日，这是富有历史意义的一天。新政治协商会议筹备会在这一天拉开了帷幕。我父亲在会上作为无党派民主人士的代表发言。他的发言里有这样一段话非常感人，他说："今天的新政协筹备会

1948年6月，郭沫若在政协筹备会上发言。

的开幕，正好像在黑暗中苦斗着的太阳，经过了漫漫长夜的绞心沥血的努力，终于吐着万丈光芒，以雷霆的步伐，冒出地平线上来了。我不能不以满怀的热诚，庆贺这新生的太阳出土。我更不能不以满怀的热诚，庆贺这新生的太阳永远上升，永远不会下降。这是规模宏大的新民族形式的史诗的序幕，是畸形儿的旧民主主义转换到新民主主义的光荣的开始。"在此之后，我父亲全程参加了新政协筹备会第六小组关于国旗国徽国歌方案的征集审查。

1949年9月下旬，在中南海怀仁堂举行的中国人民政治协商会议第一届全体会议上，我父亲和李济深等44人联名提出了《请以大会名义急电联合国否认国民党反动政府代表案》，黄琪翔、张难先等16人联名提请以中国人民政治协商会议第一届全体会议名义电告联合国大会，郑重声明否认

国民党反动政府代表案。提案提出："中华人民共和国已正式成立，拟请用中国人民政治协商会议名义急电在开会中的联合国大会，或用宣言普告全世界，否认国民党反动派的代表权，并要求重新由人民中国派遣代表参加，在人民中国正式代表参加大会之前，所有国民党反动派代表的发言、提案及所能有的关于中国的决议，一概否认。"这是人民政协历史上的第一件提案，在热烈的气氛中获得全体代表一致通过，交由中央人民政府执行。

协助一批优秀科学家归国

为了让优秀的科学家能够回到祖国，父亲也是尽他所能提供帮助。1949 年上半年父亲在欧洲参加世界保卫和平大会的时候，积极通过外交渠道疏通，最终促成了李四光顺利回国。新中国成立后，从美国回来的物理学家赵忠尧冲破重重阻挠离开了美国，但是在经过日本的时候被扣留了。如果赵忠尧长时间被扣留的话，他在南京的家人就没有了经济来源。所以我父亲和中国科学院的领导就决定即便赵忠尧还没有回来，没有成为中国科学院的工作人员，也马上给他定工资并及时送到他家人手里。后来，赵忠尧终于回到祖国，在中科院举行的欢迎会上，我父亲也到场了。除了这些从海外回来的人之外，在中国科学院刚刚组建的时候也在国内到处招纳人才。我父亲在一篇文章里面提出要尊重科学、尊重科学研究、尊重科学研究工作者，他还说科学研究的一些成果，有些可能是很快就能够见到成效，有些未必能够马上见到成效，大家不要操之过急，应该给科学家们充分的时间。

父亲觉得蚂蚁在生物界是非常具有牺牲精神和团队精神的，蚂蚁在迁移过程中遇到沟坎的时候，需要有蚂蚁用身体去填平沟坎，这时候所有的工蚁义无反顾地承担起这项责任。我父亲就希望自己成为革命队伍中的一只"蚂蚁"，为革命事业贡献自己的毕生力量。

（整理人：王立欣）

被毛主席邀请回国参加新政协

口述人：司徒美堂孙女司徒月桂

　　爷爷本身是爱国的，不管是谁，只要是爱国的，只要是为国家做工作的，爷爷就拼命地去支持。他说过："谁能出国家于危难，救人民于水火，我就拥护他、支持他。"

■■■■■■■■■■■

　　司徒美堂（1868—1955），广东开平人，著名的美洲华侨领袖。1880 年 3 月赴美谋生，1885 年加入"洪门致公堂"。他多次发起筹款，支持国内的革命活动。1949 年 9 月初，司徒美堂抵达北平，回国定居，参加了中国人民政治协商会议第一届全体会议，当选为全国政协委员、中央人民政府委员兼中央华侨事务委员会委员。

1868 年，我的爷爷司徒美堂出生在广东开平一个很穷的农民家庭。十几岁的时候，他跟着老华侨去美国打工。到了美国以后，他做过很多工作，由于敢闯敢干、仗义疏财，很快成为美国洪门致公堂的领头人，然后开始努力带动海外华侨为国家工作。爷爷从一个懵懂的少年经历了风风雨雨以后，成长为一个爱国的革命志士，他把一生都奉献给了国家，为新中国的建设和发展作出了力所能及的贡献。

在美国的日子

爷爷在美国的时候，结识了很多人，其中就包括富兰克林·罗斯福和孙中山。富兰克林·罗斯福在没有当选美国总统之前，曾经给我爷爷当过 10 年的法律顾问。在美国的时候，爷爷经历了很多，被抓去坐过牢，也看到很多华侨被人无故地冤枉、欺负。他跟罗斯福成为很好的朋友之后，邀请罗斯福当法律顾问。罗斯福当选总统以后，在合适的时机，我爷爷给罗斯福写信，信中大意就是华侨为美国建设出了很多力，可是美国现在还如此排华，这是不对的。爷爷的信代表了旅美华侨对实施半个多世纪的《排华法案》的强烈愤慨。随着太平洋战争的爆发，美国与中国结成反法西斯盟国，罗斯福执政的美国政府在多方压力下，最终于 1943 年废除了《排华法案》。

1904 年，爷爷在波士顿见到了从檀香山来进行革命活动的孙中山，并担任他的保卫员兼厨师，和他同住了五个月。那时候，每天白天我爷爷出去工作，孙中山在外面宣传革命。晚上回来后，我爷爷给他做饭，孙中山向我爷爷讲革命的道理。然后我爷爷出去工作的时候就把孙中山讲的这些革命道理向华侨宣传，从而给孙中山搭建了一个跟华侨沟通的桥梁，同时也使洪门这个帮会组织逐渐具有了革命色彩。就这样我爷爷跟孙中山建立了很深厚的友谊。孙中山对他的侠义豪情和组织能力十分赏识，在孙中山的引导下，我爷爷完成了从倾向革命到自觉革命的思想转变，深刻认识到"中国贫弱，侨民受欺，根源在于满清政府昏聩无能"，并下决心整顿洪门组织。他还向孙中山保证，尽量以人力物力支持孙中山的革命活动。后来，孙中山需要筹集资金发动革命的时候，我爷爷在大家的支持下将安良堂总部大楼抵押，用获得的抵押款去支持孙中山的革命运动，这给了孙中山很大的帮助，所以孙中山先生有一句名言："华侨是革命之母"。后来爷爷带领华侨在美国努力赚钱，最后又将安良堂总部大楼收回来了。孙中山成立中华民国的时候，想让我爷爷回来做官，爷爷以"功成身退"和"不会做官"为由，婉拒了孙中山的邀请。这就是我爷爷跟孙中山从事革命的一段经历，孙中山先生在某种程度上可以说是我爷爷的革命导师，他通过孙中山先生知道了更多的革命理念。

爷爷和中国革命

爷爷对于华侨和中国革命作出了突出贡献，毛主席曾为我爷爷题词"华侨楷模，光辉旗帜"。

刚开始，爷爷对中国共产党的各种政策并不了解，后来也是慢慢地在斗争中理解了一些。爷爷本身是爱国的，不管是谁，只要是爱国的，只要是为国家做工作的，爷爷就拼命地去支持，他说过："谁能出国家于危难，救人民于水火，我就拥护他、支持他。"1932年，他积极投身抗日救亡运动，亲自率领侨胞，携带捐赠物资，到上海慰问十九路军。1937年，全民族抗战爆发以后，爷爷更以七旬高龄之身，亲自发动美东地区侨社成立纽约全体华侨抗日救国筹饷总会，并担任常务委员，为祖国筹措战费。尽管爷爷不算太富有，但他竭其所有，尽力捐输，名列纽约地区捐款最多的17位华侨之一。华侨对国家的贡献功不可没，这些人在国外历经了苦难，所以他们非常清楚一个强大的祖国对于华侨的重要性，爷爷曾经告诉过我一句话："有国才有家"，这句话我一辈子都不会忘。

1946年以后，随着国内解放战争的进展，蒋介石开始排挤我爷爷，因为他不希望包括我爷爷在内的广大华侨给共产党捐款。但是这时候爷爷已经看清楚了蒋介石的真面目，知道他是为了自己的利益，而不是为了国家的真正利益，因此我爷爷和蒋介石彻底分道扬镳。

司徒美堂在抗日战争期间慰问韶关孤儿院的孤儿。

　　1948 年 4 月 30 日，中共中央发布"五一口号"，号召召开新政治协商会议、成立民主联合政府，得到社会各界广泛响应。1948 年 10 月，住在香港的爷爷闻讯亲书《上毛泽东主席致敬书》，表示愿意接受中国共产党的领导，向"出斯民于水火"的毛泽东致敬，郑重表示拥护新政协会议召开。爷爷在写这封信的时候已经在国内生活了两年，一直没有回美国。但是这时候，爷爷在知道中国共产党要邀请各界人士建立自己的国家这个消息之后，立刻返回了美国。他这样做就是要回到美国去，告诉生活在海外的华侨，我们马上要成立自己的国家了，马上就要见到光明了，我们应该坚定支持中国共产党。

　　爷爷在海外生活了几十年，为海外华侨做了很多事情，他说的话，海外华侨都相信，他号召的事情，华侨一定会努力去做。这时候爷爷回到美国一是为宣传党的政策，二是为彻底回国做必要的准备。1948 年 10 月 30 日，离港到达美国的爷爷在香港各大报刊发表了《拥护中国共产党"召开新政治协商会议"的声明》，在声明中对新政协"热诚表示拥护，并愿以八十有二之高龄，为中国解放而努力"。1949 年 1 月 20 日，毛泽东亲自给我爷爷回信，称赞他"热情卓见，感佩殊深"，并表示"至盼先生摒挡公务早日回国，莅临解放区参加会议"，邀请他回国参加新政协，共商建立民主联合政府，团结全国人民及海外侨胞的力量，实现中国人民的独立解放事业。真诚的邀请让我爷爷非常激动，他力排众议，表示："如此国家大事，我洪门焉有逃避不参与之道理？"爷爷下定决心一定要回到祖国。

艰难的回国之路

在真正了解中国共产党的政策之后，爷爷已经下定决心回国了。但是国民党一直监视我爷爷的一举一动，所以他不能公开离开美国。当时爷爷的好朋友唐明照先生是联合国的工作人员，爷爷在他的帮助下离开了美国。

离开美国前的一段时间，爷爷每天吃完饭都遛弯儿到唐明照先生家里，特务已经对这件事情习以为常了。一天晚上吃完饭以后，爷爷穿着普通的衣服拄着拐杖去遛弯儿，照旧去了唐明照先生家。因为爷爷手里没有带任何东西，也是日常普通的打扮，所以特务没有太注意，就在唐明照先生家外蹲守。爷爷和唐明照就在屋里谈话，一直到很晚。这时候蹲守的特务也烦闷了，觉得不会有什么意外发生，就离开了。特务离开之后，唐明照先生亲自开着车把爷爷送到机场，送上了飞机。在国民党知道爷爷离开之后，曾经下命令，一定要千方百计阻挠爷爷跟共产党联系，同时，要抓住一切机会暗杀我爷爷。所以毛主席后来派了很多人来到我爷爷身边，保护他的安全。

司徒美堂在中国人民政治协商会议第一届全体会议上发言。

爷爷到北平的时

候，他的秘书司徒丙鹤已经在等他，后来也是在司徒丙鹤的陪同下，爷爷坐轿子到了双清别墅跟毛主席见面。爷爷因为年轻的时候腿部摔伤而留有旧疾，所以上香山就比较困难。毛主席知道后，让人在他的藤椅上插了两根杠子抬着爷爷。那个"轿子"一直放在我们家里，需要去怀仁堂或者一些别的地方开会，这个"轿子"都会跟着他。在香山见到主席之后，毛主席盛赞我爷爷的爱国行为，说："您过去对中国人民革命事业出过力，对人民作出过贡献，现在人民胜利了，我们绝不会忘记自己的朋友。"爷爷在见到毛主席之前，原先心里有种想法，以为共产党胜利了，各方人士都是来给共产党"抬轿子"，捧共产党上台的，但是没想到主席这样平易近人，对我爷爷内心造成了很大的震动。毛主席了解到爷爷的想法后，认真地说："我们今后要长期共事，我们大家既是坐轿者，又是抬轿者。每一个爱国的志士仁人，都可以自己的特长参加人民政府的工作，不但要做到尽职尽责，还要做到有权有职。"

见证新中国诞生

1949 年 10 月 1 日，爷爷登上天安门城楼参加了开国大典。但是，我们在苏联拍摄的开国大典的影片里找不到爷爷的身影。我刚开始觉得很奇怪，为什么会没有爷爷呢？他确实登上了天安门啊。后来经过反复思考，我终于明白了，因为那个时候，爷爷心里还想着回美国，美国有那么多的华侨，他放不下这些华侨，他要把新中国成立的喜讯告诉在美国的华侨。所以他不能在镜头里露出自己来，只要露出来，到不了美国就有可能遭到暗杀，他是在躲镜头。后来跟爷爷的秘书司徒丙鹤的谈话，让我更加确定了这个猜想。司徒丙鹤曾经告诉我，参加完开国大典后，爷爷跟主席还有总理他们一起从天安门城楼下来的时候，走到半路爷爷跟司徒丙鹤说："丙鹤，走了，回去了。"丙鹤笑着问："您回哪儿？"爷爷说："回美国。"他还是想回美国，因为放心不下美国华侨。爷爷跟司徒丙鹤的对话用的是开平话，毛主席听不懂，就问司徒丙鹤："美老说的什么？"司徒丙鹤说："美老说他要回美国。"当时毛主席就说："美老，我们不走了，你的家在这里，这就是你的家，你的根。"就这样把爷爷留在了北京。

后来爷爷住在北池子 83 号，我们家的电话号码、门牌号码是对海外所有华侨开放的，大家不论什么时候都可以在这里找到他。爷爷在美国生活了 60 多年，跟这些华侨结下了深厚的友谊，这些华侨也特别信任他、尊重他、爱戴他。

在爷爷身边的日子

我回到爷爷身边的时候是 9 岁，在爷爷身边生活的时间也不是很长。爷爷在国内定居以后，我父亲也从海外回来了，总理去我们家问我爷爷："大公子回来了，用不用给他安排什么政府部门的工作？"我爷爷说："去什么政府部门，劳动去！"就这样，我父亲去了东北的大伙房水库，我就离开爷爷随着父母一起到那里生活。我在爷爷身边的时间真的很有限，但是爷爷教会了我很多做人的道理。

爷爷每天如果没有其他事情，就会坐在他的办公桌前工作。有一天，我问哥哥："咱家这儿怎么有个小门？"哥哥说那边是故宫，我就特别兴奋想去看。那时候正好是冬天，打开门之后看到好多人在滑冰，我也特别想去。哥哥上班以后，我就去找爷爷要求去滑冰。爷爷就问："你会吗？"我说："我不会，但是看到好多人坐在冰车上，可以让别人推着我。"爷爷一听就乐了，叫警卫员带我去。警卫员也不会滑，脚底也不利落，结果对面来一个人直接就撞上我，然后我脑袋撞了一个包哭着回家了，警卫员也吓得够呛。回去以后爷爷说："笑着走的怎么哭着回来了？""他把我给摔了。"我指着警卫员说。爷爷就问警卫员什么情况，了解经过之后指着我说："你恶人先告状，是不是你要去的？摔了活该吗？还哭吗？"我说："活该，不哭了。"通过这一件小事我知道了，不管做什么事情，都不能恶人先告状，爷爷就用这一件小事教会了我应该怎么做人，怎么去尊重人。

1955 年的一天晚上，突然有人到我家大声敲门并且不断叫我父亲："司徒柱，快出来，飞机在等着。"当时我父亲就知道肯定是爷爷那边出事了。他立马拿着衣服走了，当天晚上就到了北京。过了两天，我上学的时候，学校校长把我叫过去，问我叫什么名字，家里都有些什么人，问完之后就让我赶紧回家。当时我不知道什么事情，就往家里走，而且离家越近越害怕，等我到家的时候妈妈在那嚎啕大哭，我当时就吓傻了。妈妈哭着跟我说："你爷爷过世了，你爸爸已经去北京处理后事，现在我也要过去，但是你爸爸说了，你在上学不能耽误学习。"就这样，妈妈把我留在家里就去了北京。所以爷爷离世的时候我没有见到，这是我一生的遗憾。

爷爷一生团结海外侨民，襄助革命人士，宣传祖国抗战，支持建国大业，他的每一寸足迹都与祖国每个时期坎坷的历程血脉相连。纵观爷爷跌宕起伏的一生，可谓一部海外孤儿浸满血泪的奋斗史，一部海外游子赤诚奉献的爱国史。在数次巨大的历史转折中，在

1949 年，司徒美堂从美回国参加中国人民政治协商会议第一届全体会议期间，周恩来赠予的大衣。

与罗斯福、孙中山、毛泽东、周恩来等近现代多位名人的传奇交往中，他表现出嫉恶如仇的骨气，果敢坚毅的侠气，能屈能伸的大气，而这些始终与时代脉搏、民族利益联系在一起，正如廖承志在爷爷的悼词中所言："司徒美堂先生一生所走过的道路，反映着国外爱国侨胞自鸦片战争以来所走过的道路。"

（整理人：石碧兰）

当站在天安门城楼上的时候，当看到天安门广场上飘扬的五星红旗的时候，当耳畔充盈着群众欢声笑语的时候，当看到崭新的新中国成立的时候，他百感交集。

程潜（1882—1968），湖南醴陵人，1904年赴日本留学，在日期间加入同盟会，在讨袁、护法、平叛中皆战功赫赫。1949年8月4日，程潜与陈明仁率部起义，和平解放长沙，受到党中央和毛泽东的高度评价。1949年9月，出席中国人民政治协商会议第一届全体会议，曾担任中国人民革命军事委员会副主席、全国人大常委会副委员长、国防委员会副主席、民革中央副主席等职务。

1968 年 4 月 9 日父亲去世，那时我还不满 15 岁。所以对他的很多业绩成就尚不能清晰地认识，很多事情的细节也并不完全清楚。但记忆里的他有着典型的湖南人特点：忠诚勇敢、守义奉公，也有着典型的中国传统知识分子风范：一生追求国家富强、民族独立、人民幸福。

礼义之范尚亲廉

我记忆中的父亲十分简朴。他对物质生活要求简单，平时在家里，他都穿一种粗布做的中式衣服，外出的时候就换上中山装。衣服总共也就两三套，他自己解释说"够换洗就行了"。父亲素日里还喜欢写文作诗，他病逝后，我的姐姐们在整理遗物时发现了他写的回忆录草稿，用的是一种发黄的纸，正面写完了以后还要翻过来把背面再写得满满当当。所以对我父亲就是这个印象——特别节俭。考虑到父亲旧部众多，还有一大家子要养，毛主席曾亲自批给我父亲一个特别费，一般人要听到这个钱数肯定会吓一跳，是每个月大米 5 万斤！1955 年币制改革以后，就是每个月拨给我父亲 5000 块钱。这在当时绝对是一笔巨款，那时国家主席的工资一个月才只有 500 元。父亲把这笔钱多用于救济确有生活困难的一些"辛亥革命同志会"的老人和部属，谁家有生活困难，我父亲就动用这笔钱帮助人家；另一部分则用于满足赴京开会等工作开展的需要，没有一分一毫用在自己身上。

父亲爱好朴质。他的房间是个两居室，里面是一个书房兼卧房，外面则是个小的会客厅，我们叫起居室。我那时候小，闲来无事便观察我父亲。经常看见他在书房里专心致志地写东西，偶尔他会坐在起居室的沙发上养神，但即便是养神也是坐得很正。有时候还看见他摇头晃脑地在吟唱着什么，小的时候觉得特别奇怪，后来才知道那是他在吟唱古诗词，他素来喜爱那些古文诗词。

父亲待人也亲和，家里时常有客人来拜访他。父亲少有高谈阔论的时候，不管来访者是谁，一般都是客人在那说，父亲只是正襟危坐注视着客人，仔细聆听并不时礼貌回应。

侠义之骨勇投明

抗日战争爆发后，父亲毅然决然投身抗战。这期间他对共产党的认识逐步加深。抗日战争后，父亲也期望国内尽快和平。1945 年的重庆谈判恰是一个良好的开端。

1945 年，毛主席不顾个人安危，前往重庆参加国共两党举行的谈判。毛主席百忙之中特意走访了我父亲，两人相谈甚欢。之后我父亲又去拜访了毛主席，这一次主席建议他参加国民党副总统的竞选，主席说："你参加竞选搞成了，你可以来主持国共和谈，你要是搞不成，你可以回湖南老家搞和平运动。"后来父亲每每提及此次桂园拜访都说，主席的这番话对他后来的和平起义有着深远影响。在 1963 年的时候，毛主席 70 寿辰，我父亲特地写了一组祝诗给主席贺寿，贺寿诗中有一句话："我本多年邀默契，喜从中夜挹明光。"我父亲后来解释了"邀默契"指的就是毛主席和他在重庆谈话，让他回湖南主持和平运动这件事，"中夜挹明光"就指他听了毛主席的这一句话以后，就像是从黑夜里忽然获得了光明一样。

1949 年 8 月湖南和平起义，其实就父亲个人安危而言这是一次极大的冒险。当时蒋介石并不信任我父亲，还给了时任国民党第一兵团司令、长沙警备司令陈明仁一道秘密监视我父亲的手令，意思是如果发现我父亲有什么异动，可以明正典刑。但是蒋介石没有想到的是陈明仁不但没有加害我父亲，还把这个手令给我父亲看了。由于当时特务盛行，陈明仁和我父亲便达成了一个默契："有第三个人在的时候，我（陈明仁）说的话你可别信！"意思就是说在外人面前，陈明仁会故意对我父亲说反话，好让蒋介石误以为他二人水火不容。

为应对蒋介石和白崇禧的提防，我父亲也是行了缓兵之计，先是将我母亲和姐姐送往香港以减少准备起义的后顾之忧。之后，我父亲表面答应白崇禧将其调离长沙的安排，实则是打算先离开长沙，等白崇禧掉以轻心时再返回长沙实施起义。7 月 21 日，父亲辞去湖南省主席职务并离开长沙，在邵阳收到陈明仁的密码通知——"请速回长沙"后，于 28 日晚上召集心腹商定了秘密返回长沙的方案。29 日早上，他假装去散步，以防被特务发现，特意交代他的副官守着电话机，如有人来电话就说他出去散步了，其实他已经带了少部分的人驱车悄悄地离开了邵阳。一路上他们既要不时担心被特务发现，又要随时躲避国民党飞机沿线侦察。到了湘潭，父亲就决定转乘汽轮。29 日下午，父亲历经一路奔波，终于抵达长沙的水陆洲，也就是现在的橘子洲，以一个音乐专科学校为据点，夜以继日、不辞劳苦地策划起义的事儿。8 月 4 日，我父亲和陈明仁正式通电全国，率部脱离广州政府，表示"今后当以人民立场，加入中共领导之人民民主政权"，"共同为建设新民主主义之中国而奋斗"。他们还发表了《告湖南民众书》《告全体将士书》，号召拥护和平、参加解放大业。湖南得以和平解放。毛主席和朱总司令在 8 月 16 日给他回了贺电："诸公率三湘健儿，脱离反动阵营，参加人民革命，义声昭著，全国欢迎，南望湘云，谨致祝贺。"我父亲捧着电报，革命以来的种种往事浮现眼前，种种思绪涌上心头。8 月 19 日，我父亲与陈明仁共同复电主席："潜等责无旁贷，遵命竭力以赴。"

1949 年 8 月 6 日刊有程潜、陈明仁率部起义，和平解放长沙报道的《人民日报》。

意笃情真显柔情

外人眼里的父亲是征战沙场的儒将。他锲而不舍，赤胆忠心。在1913年、1915年、1917年、1926年四次组建了部队四次被打散，但我父亲屡败屡战；他运筹帷幄，两度担任湘军总司令，在湖南素有"家长"之称；他骁勇善战，戎马一生，扫荡逆氛。可面对母亲和家庭，他则倍显铁汉柔情。

我母亲和我父亲岁数相差37岁，在我眼里，他们感情一直非常好。我留存一封1949年父亲给我母亲的祝寿诗《寄赠翼青三十生日》：

程潜与夫人郭翼青合影（1947年）。

远道缔良缘，红丝一线牵。迎来丹桂阙，缥想大罗天。
爽气包河洛，佳期会涧瀍。仁亲如漆附，义结比金坚。
高唱偕行曲，低吟好合篇。鹰扬驱虐寇，虎变渡流年。
灸艾曾分痛，猗兰每互怜。虑深心转细，智决勇当先。
毓秀看成列，含章许并肩。德随时长进，容像月婵娟。
火宅谋同出，华园喜共迁。何言身懔懔，相诚日乾乾。
踊跃排陈腐，欢欢解倒悬。江山增美丽，人物庆安全。
海阔伤遥别，风平盼早旋。自知筋力瘁，端赖我君贤。

对我母亲而言，虽然父亲比她大很多，但是我父亲相貌堂堂，品行端正，我母亲就像是学生一样很敬重他。父亲因病卧床时，母亲一直相伴床榻左右，照顾得无微不至。父亲去世之后，她坚定地选择在红霞公寓（国务院事务管理局分的房子）里独自抚养我们姐妹六个长大，她仙逝后和我父亲合葬在了八宝山革命公墓。

义鸣四海得礼重

毛主席等中共中央领导人待我父亲一直很好。

1949 年 8 月下旬，在湖南的我父亲收到了党中央毛主席给他发来的电报，让他参加在北平召开的全国政协会议，电报如是："新政协召开在即，拟请我公及仇山、陈子良出席，共商国是，倘能命驾，无任欢迎。"我那个时候还没有出生，无法亲眼见证我父亲当时的状态，但他捧着电文读的时候，他的心情我是可以体会到的。肯定是无法用言语来表达的，带着惊喜，带着欣慰，带着一丝丝的不敢置信。这种心情我今天想来都是如此。

1949 年 9 月 19 日，毛泽东邀请部分民主人士游览天坛。陈毅（前排右一）、李明扬（前排右二）、程潜（前排右三）、毛泽东（前排右四）、张元济（前排右五）、陈明仁（前排右六）、粟裕（前排右七）；刘伯承（后排右二）、李明灏（后排右三）、程星龄（后排右四）。

他更没有想到的是，1949 年 9 月 9 日当他到达北平前门火车站时，前来迎接的竟然是毛主席、朱总司令等领导人，晚上毛主席还设宴接风。彼时正处于新中国成立前夕，人民解放军正在向全国大进军，各地的政协代表、民主人士纷纷抵达北平，主席可谓日理万机。这次的亲自迎接对我父亲而言那真是礼遇有加了！19 日上午，毛主席又亲自到我父亲下榻的北京饭店看望他，而且共进午餐。午餐后，主席邀请我父亲同游天坛，主席和我父亲还有陈明仁并排走着，他们谈天说地，气氛祥和而融洽，留下了一张合影。1949 年 10 月 1 日，我父亲受邀登上天安门城楼参加了开国大典。

从辛亥革命开始一路走来的几十年非常不易，有多少并肩战斗过的同志牺牲了，有多少次于宦海中沉浮。当站在天安门城楼上的时候，当看到天安门广场上飘扬的五星红旗的时候，当耳畔充盈着群众欢声笑语的时候，当看到崭新的新中国终于成立的时候，他百感交集。最后我想用我父亲在 85 岁时候写的一首诗来概括他这一生："历世悠长阅事深，婆娑尘宇度光阴。志不要名勇拂绩，坦怀报国表真忱。"这首诗现在就刻在他的墓碑上。

（整理人：温姗姗）

「一定要让新疆各民族团结在共产党的领导下」

口述人：赛福鼎·艾则孜之女阿孜古丽·艾则孜

父亲在北京期间的所见所闻使他更加坚定了跟着中国共产党走的决心，一定要维护祖国的统一，一定要让新疆各民族团结在共产党的领导下，只有这样新疆的各族人民才能过上好日子。

赛福鼎·艾则孜（1915—2003），维吾尔族，新疆阿图什人，中国共产党的优秀党员，忠诚的共产主义战士，党和国家民族工作的卓越领导人，杰出的社会政治活动家。1949年9月，赛福鼎作为新疆特邀代表团团长，出席中国人民政治协商会议第一届全体会议。曾任中央政治局候补委员、全国人大常委会副委员长、全国政协副主席、新疆维吾尔自治区主席、自治区党委第一书记等职。

我的父亲出生在新疆南疆农村。我的爷爷奶奶思想比较开明,以前农村的学校都是学习宗教的,爷爷在农村创办了新型的学校教授科学文化等课程,所以父亲从小就受到了相对比较好的教育。在父亲 19 岁的时候,有幸到塔什干的中亚国立大学学习了两年,也就是在这个时候他接触到了马克思主义,阅读了很多有关马克思主义的书籍,当时他就坚定了建设家乡,让人民过幸福生活的理想。带着这种理想,父亲完成学业以后就回到了新疆。

寻求中国共产党的领导

1937 年,父亲从乌兹别克斯坦回到新疆。回到新疆以后就奉命到塔城报社报到,从报到之日起到 1943 年,父亲在塔城工作了六年。在塔城报社工作的时候,出于工作需要,父亲深入学习了《国家与革命》《共产党宣言》等政治理论书籍,大量阅读各类报刊,查阅资料,收听广播,大大开阔了眼界,增加了政治社会斗争、经济建设等各方面的知识。正好这个时期,中国共产党派陈潭秋、毛泽民等一批优秀共产党员到新疆做少数民族青年的教育工作,并建立秘密的地下组织。当时,新疆受到革命思想影响的知识分子,为了反抗盛世才的残暴统治,在全疆各大城镇组织了若干秘密社团,比如伊宁和迪化(今乌鲁木齐)秘密成立了马克思主义学习小组,吸收了大量青年学生进行培养教育,迪化成立了马克思主义者同盟等。

1943 年,父亲离开塔城到了伊宁。1944 年,伊宁成立了解放组织,这个组织的任务就是"在人民群众中进行宣传,指导群众参加革命活动;组织伊犁地区的武装暴动,打击并消灭国民党反动派的武装力量;联络全疆各革命组织,与之密切合作,推翻国民党反动政府,建立自由、解放、民主的新疆省"。因为父亲受过马列主义的教育,他很快就加入解放组织。这时正是国民党在新疆统治最腐败、最无恶不作、最欺压老百姓的时期,父亲跟着一批进步的青年一起,投入反对国民党反动派的革命中。随后,新疆爆发了三区革命，[①]父亲成为三区革命的一个骨干分子。当时参加三区革命的年轻人，有一些是跟他一起留学回来的同学，也有一些是在新疆成长起来、接受中国共产党教育的进步青年。

1945 年，三区革命政府成立，12 月底，包括我父亲在内的七个人秘密成立了人民革命党，这是新疆建立的第一个共产主义政党，其纲领主要依据苏联和中国共产党的纲领、章程，并结合新疆的具体情况制定。人民革命党的奋斗目标很明确，就是依靠三区人民和全疆人民，为夺取新疆民族民主革命的胜利而斗争，条件成熟以后，就在全疆进行社会主义革命，最终实现共产主义。总结多年来与国民党当局斗争、与民族分裂势力斗争的经验教训，我父亲和阿巴索夫等一些战友们逐渐认识到，由于他们缺乏政治理论水平及实践经验，如果没有一个成熟的、经验丰富的共产主义政党支持则很难取得胜利，从当时他们所处的地位和所进行的斗争来看，这样的政党只能是中国共产党。他们开始寻找时机与中国共产党接触。他们曾经打算派人去延安，但由于遭到国民党反动派的百般阻挠，一直未能如愿。1946 年 11 月，阿巴索夫作为三区代表之一与阿合买提江等七人一起到南京参加国民党伪国大。12 月 5 日，阿巴索夫在中国共产党驻南京办事处工作人员童小鹏等人的周密安排下，到梅园秘密会见了中共代表团负责人董必武。阿巴索夫向董必武汇报了三区革命走过的曲折道路，代表人民革命党和迪化新疆马克思主义者同盟，提出了寻求中国共产党领导的请求，也转达了三区革命政府希望接受中国共产党领导的意愿。董必武马上跟延安取得了联系，中央得到这个消息以后，周恩来亲自拟电报，表示基本上同意这个要求。阿巴索夫回新疆的时候，中央派彭国安带着一部电台跟着他们一块回去。此后，他们开始通过电波与中国革命圣地延安联系，三区革命所有的工作也开始在中国共产党领导下有序进行。

[①] 1944 年秋开始的新疆伊犁、塔城、阿山（今阿勒泰）三区革命，虽曾一度有一些民族分裂主义分子煽动民族仇恨，制造国家分裂，妄图把这场革命引入歧途，但由于阿合买提江等三区内部进步力量与新疆各族人民的斗争，分裂者的阴谋未能得逞。1945 年秋，三区建立革命政权。

受邀赴平参与筹建新中国伟业

1949 年 9 月，中共中央发电报邀请三区革命的代表到北平参加中华人民共和国成立大会。我父亲他们是 9 月 8 日出发的，先从新疆坐飞机经过苏联抵达东北，又从东北乘坐火车于 9 月 15 日上午 10 点抵达目的地北平。新政协筹备会秘书长林伯渠登上专列欢迎他们，前来参加新政协会议的少数民族代表和北平市党、政、军负责干部也来欢迎。父亲他们能来参加中国历史上具有划时代意义的中国人民政治协商会议，是党中央的巨大关怀，对当时的代表团也是一次教育。

作为新疆代表参会，他们得到了毛主席和党中央的关心、重视和尊重。在北平的两个月里，我父亲与毛主席及其他领导人参加会议和各种活动，一起商讨国事，就像进了一所很好的政治学校，甚至可以说胜读十年书。这是他首次直接接触以毛主席为首的党中央领导干部和解放军将领们，以前对他们的了解都是间接听到的，或从书本中读到的，这次却是亲眼看到

1949 年出席中国人民政治协商会议第一届全体会议的新疆代表团成员。
前排从左至右：阿里木江、赛福鼎·艾则孜、涂治。

的。父亲所见到的共产党干部与以前见到的国民党官员截然不同，这种感受在见过毛主席和其他中央领导后更为强烈，父亲又一次深刻体会到斯大林说的"共产党人是用特殊材料制成的"这句话的含义。

9月16日，周总理看望了我父亲，那是父亲第一次见到周总理，他经常回忆起这次见面的场景。代表团进入一个小的会议室就座，一个上穿平布蓝色上衣、下穿马裤的青年就来给他们倒水，他们一边喝茶，一边等候。没多一会儿，走进来一个人，衣着和那个倒茶的青年差不多，举止也很平常，笑着朝我父亲走来。我父亲很纳闷，心想莫非是服务员，可是手里又没有茶杯。他走到我父亲面前说："您就是赛福鼎同志吧。"然后微笑着伸出了手："你好！我是周恩来。"关于总理，我父亲原来听到过，但没有见过他的照片，突然间总理就站在他面前的时候，我父亲觉得非常意外和兴奋，他完全没有想到我们中国共产党这么高级别领导干部是这样朴素和平易近人。总理说："主席正在忙，所以派我过来看看你们，看看你们的路程怎么样，然后我们再讨论一下这次你们来了以后的活动安排。"他们聊得非常高兴。父亲在北京感受到了和在新疆不一样的另外一种氛围，好像回到了一个大家庭里一样。

9月17日晚，父亲他们去中南海怀仁堂观看戏曲表演，在观看节目时，有个人在我父亲面前停住了脚步，完全挡住了他的视线。正在他迷惑不解的时候，周恩来总理从后边走来对我父亲说："毛主席来见见你们。"我父亲一看，真是毛主席站在面前，后面还有朱总司令，他们是由剧场通道走到我父亲他们跟前的。周恩来总理一一介绍了他们，毛主席亲切地握住我父亲的手说："欢迎你们！"朱总司令也对他们表示欢迎。这是我父亲第一次见到毛主席，心情异常激动。在暗淡的光线下模模糊糊地看到主席高大魁梧的体态和亲切的微笑，正在看戏的全场代表也认出了毛主席，全都起立热烈鼓掌。跟我父亲短暂交谈过后，毛主席和其他领导同志又回到后面座位上去了。这次会见给我父亲的印象太深刻了，他想毛主席完全可以把他们叫到另外一个房间谈话，怎能让毛主席来看望他们呢！后来听周恩来总理讲，毛主席来时节目已经开演了，为了不惊动场内看戏的代表们，就悄悄坐在后边看戏。原定毛主席第二天才接见他们，可当他知道新疆代表已经来了而且就在场内便赶紧过来看望。父亲听到这些情况心中更加感动。两三天来在北平的经历一幕幕浮现在眼前，周总理刚一得知他们抵达北平就立即接见并设宴招待；毛主席看戏时听说他们也在怀仁堂内，就赶忙来见面。这是多么大的关怀呀，同时也体现出领袖人物所特有的谦逊。

　　在怀仁堂见面之后，毛主席又安排跟新疆代表团正式见面，主席之外，还有周恩来、刘少奇、朱德、林伯渠等一些领导人。父亲他们进来的时候，这些领导人都在门口迎接，然后主席亲自安排他们进来，让他们坐下。但是主席并没有坐下，而是站在那里，说要为因飞机失事无法赴平参加新中国筹建事业的阿合买提江等罹难的烈士默哀。默哀后，大家才又坐下来。主席首先表示欢迎新疆代表团到北平来，并且很支持父亲他们在新疆和国民党反动派进行的斗争，祝贺三区政府的建立。父亲对主席百忙之中仍关心新疆事务表示感谢，对中央邀请他们参加新中国筹备事业表示感谢，并代表新疆人民对中央表示感谢。毛主席和其他中央领导人对新疆很关心，我父亲向他们介绍了新疆的整体情况，还简要介绍了三区革命的经过、革命初期所犯的错误及纠正的过程以及一两年来新疆在政治、思想、组织各方面所取得的成就等等，他们听得津津有味。接着主席问我父亲："你们那个党（指秘密成立的人民革命党）怎么样了？"我父亲回答说："1948年，在新疆当时的条件下，急需成立一个公开的组织，人民革命党就公开于众了。可这样一个群众组织很难担当重任，后来人民革命党停止了自己的活动，全部并入了另行成立的新

中国人民政治协商会议第一届全体会议期间，赛福鼎·艾则孜为毛泽东披上民族长袍。

盟。"毛主席说："在那种情况下你们停止了人民革命党的活动是妥当的，不必难过，新盟成立后取得的成绩同样是你们党的成绩。"当时就委托周恩来总理处理此事，还说："他们那个党的中央委员，可以不要候补期，直接接纳到中国共产党里来。"

父亲参加了中国人民政治协商会议第一届全体会议，并发表了讲话。当时父亲就讲道："新疆人民在最近几年的斗争经验，已经了解中国人民（新疆人民也在内）的解放，只有在中国人民解放军的胜利后，才能获得彻底解决。这也就是说，中国人民解放军的胜利也就是新疆人民解放运动的胜利。所以，新疆人民在和平斗争的环境中，很关切地期待着中国人民解放军的最后胜利的来临。"当时父亲讲话用的是维吾尔语，他说这是他在中国共产党召开的会议上第一次使用维吾尔语发言，并获得了所有委员们的热烈鼓掌。最后父亲代表新疆人民向毛主席敬献维吾尔族经典服饰——长袍与花帽，在新疆这个礼物是要送给最尊贵、最重要的人。毛主席很高兴地穿上，站在主席台上招手，所有的代表都起立鼓掌。下午的记者招待会上，父亲庄严宣告："新疆各族人民完全愿意接受中国共产党的领导，坚决维护祖国统一，反对国内外反动派妄图把新疆从祖国怀抱分裂出去的妄想。"

10月1日，开国大典举行。我父亲他们很早就登上了天安门城楼，在城楼的西侧围栏处等候着毛主席等领导人。因为在之前毛主席已经跟我父亲有过好几次的接触，一上来就看到我父亲，他直接走过去跟我父亲握手，然后拉着我父亲往前走，意思就是让我父亲跟着他。我父亲一直跟随

赛福鼎·艾则孜在中国人民政治协商会议第一届全体会议上讲话。

着毛主席走到了天安门城楼的中央，在整个仪式过程中他就站在毛主席的后面。父亲后来一直在跟我们讲这件事情，这是他一生中最激动最幸福的时刻，在天安门城楼上站在毛主席的身后见证了中华人民共和国的成立。

成为一名光荣的中国共产党员

父亲在北京期间的所见所闻使他更加坚定了跟着中国共产党走的决心，一定要维护祖国的统一，一定要让新疆各民族团结在共产党的领导下，只有这样新疆的各族人民才能过上好日子。1949 年 10 月 15 日，我父亲很郑重地向主席递交了入党申请书，主席在 23 日这天就批准同意我父亲入党。11 月 12 日，我父亲和代表团五人从北京离开去酒泉。走之前毛主席当着我父亲的面，反复嘱咐周恩来总理，一定要把他们的飞机安排好，一定要注意安全。离开的当天，总理打来电话让父亲他们不要出发，他先去机场检查准备工作。过后总理又从机场来电话，说你们可以过来了。在机场，总理把毛主席在入党申请书上的批示给我父亲看，并说让他到酒泉以后，去彭德怀和王震处报到办理入党手续。就这样，父亲成了一名真正的中国共产党员。

父亲是一个非常坚定、忠实的中国共产党员。父亲做一切事情的出发点都是为了人民服务，从来不去计较自己的得失，并时刻维护党的利益。父亲热爱新疆人民，也得到了新疆人民的爱戴。

（整理人：石碧兰）

第 四 篇

平凡岗位　见证荣光

毛主席在香山教我们背古诗

口述人：叶子龙之女叶燕

　　我父亲14岁参加中国工农红军，走过二万五千里长征，走过延安、西柏坡和香山、中南海，担任毛主席机要秘书近30年。父亲平时很少嘱咐我们应该怎么说、怎么做，但他和老一辈同志都在言传身教、潜移默化地影响我们。

■ ■ ■ ■ ■ ■ ■ ■ ■ ■ ■ ■ ■

　　叶子龙（1916—2003），湖南浏阳人，1930年8月参加中国工农红军，1931年2月加入中国共产主义青年团，1932年调红一军团总部任译电员，同年加入中国共产党。1949年3月后，任中共中央办公厅机要室主任、中共中央秘书等职。

我父亲担任毛主席的秘书近 30 年，所以他的一生有很长一段时间都是在毛主席身边度过的，包括从 1949 年 3 月 25 日到 9 月 21 日，在香山生活、工作的那段光辉岁月。

进京"赶考"

1949 年 3 月，根据当时国内形势的发展，中共中央机关和中国人民解放军总部决定由西柏坡迁往北平。1949 年 3 月 23 日，我父亲到毛主席的住处，对主席说："主席，大家都准备好了。"毛主席当时正坐在躺椅上看书，听后马上站起来，把手上的书递给我父亲，让他把书放好。那本书是郭沫若写的《甲申三百年祭》，毛主席曾经向郭沫若致信，信中说："小胜即骄傲，大胜更骄傲，一次又一次的吃亏，如何避免这种毛病，实在值得注意。"毛主席对当时的领导同志说不要学李闯王，也正是源自这本书。

主席从屋内出来后，跟周恩来等其他领导人握手，给大家打了招呼。临行前，他兴奋地对周恩来说："今天是进京的日子，不睡觉也高兴啊。今天是进京'赶考'嘛。进京'赶考'去，精神不好怎么行呀？"周恩来说："我们应当都能考试及格，不要退回来。"毛泽东说："退回去就失败了。我们决不当李自成，我们都希望考个好成绩。"说完这些话以后，大家就上车了。当时除了 10 辆大卡车以外，还有 11 辆从国民党军队缴获的吉普车，载着中央领导同志以及一些重要职能部门的工作人员向北平进发。父亲上了第一辆车作为先导车，毛主席上了第二辆车，其他的领导同志坐在后面的车上。车队沿山间公路向东北方向驶去，路面坑坑洼洼，路况非常不好。天黑以后，大家在河北唐县淑闾村住了一晚上。第二天，从淑闾村到了保定，吃过午饭后继续北行，傍晚到达了河北涿县。3 月 25 日凌晨，主席一行从涿县换乘火车，历经四个小时的路程，顺利抵达了北平清华园车站，随后乘小汽车前往颐和园休息。

3 月份的北平天气犹寒，大家找来一个取暖用的炉子，但半天也没生起火来。我父亲看大家都饿着肚子，就赶快到外边街上买了些芝麻火烧和熟肉。等他回来的时候，炉子已点起了火、烧开了水。在颐和园里，大家围坐在炉子旁，就着白开水，吃火烧夹肉。这就是毛主席到达北平后的第一餐。

毛泽东从西柏坡进京时乘坐的同款吉普车。

双清别墅

在香山的时候，毛主席住在双清别墅，我父亲住在距离双清别墅大约五分钟路程的半山亭，那里是一排平房，我们一家四口住在第一间，里边除了床，几乎摆不下其他东西了。尽管条件简陋，但那时大家的情绪都非常高涨，有着无限的革命热情和对美好生活的憧憬。

入住双清别墅前，工作人员为毛主席精心准备了一张弹簧床，铺着软床垫，坐上去像沙发一样又厚又软。但是毛主席很不习惯，翻来覆去地睡不着觉。直到换成木板床后，主席才感到满意。有一次在天津视察，毛主席在宾馆的软床上也是没法入睡，又怕麻烦宾馆的同志，最后只能把床垫放到地上，将就着睡了一夜。这是毛主席劳动人民本色和艰苦奋斗作风的体现，从延安到西柏坡，毛主席睡的一直都是木板床，即便后来搬去了中南海，也只是把木板床加宽，用来放书。他睡不惯

毛泽东与捕蝉的孩子们在香山。

高档床。

我父亲在毛主席身边工作、生活的数十年里，长期负责主席的日常生活和饮食起居，他知道毛主席有一个习惯：一旦睡着，就不容别人打搅，否则便会发脾气。这是因为主席平日里既要处理国家大事，闲暇时间又经常看书，以致用脑过度，很难入睡。

在香山的一天中午，毛主席好不容易睡着了。我的妹妹叶利亚和李讷在院子里玩，毛主席的卫生员孙勇帮她们捉来了一只知了。毛主席被知了声吵醒，走了出来，让孙叔叔把知了放了。随后，毛主席一手抱起一个孩子，笑着说："蝉虽然小，但它也是大自然的造化，捉不得哟！"

被惊扰了睡眠的毛主席看上去心情不错，我父亲说，主席的好心情可能和全国解放形势有关，和天伦之乐有关，当然更与香山的优美环境有关。孔子说，"仁者乐山，知者乐水"。双清别墅就在香山脚下，别墅内两股清泉，可谓是有山有水。因此，在双清别墅居住的那半年时间，毛主席一直保持着愉悦的心情。

"学前"教育

刚开始到香山时，我们这些孩子都处于失学状态，因为解放区的学校没有随迁到北京，香山又离城区较远，没办法去城里上学。后来有一些学校迁到了北京，我们就开始上学了。我们姐妹和李讷、李敏天天在一起玩耍，有时也会模仿学校上课，用树枝在地上写汉字，相互教认，或者出几道算术题，在地上演算。李敏也不时地教我们几个俄文字母，说几个俄文单词。

暂时无学可上的时候，我们小孩子每天跑来跑去，直观感受到大人们的忙碌和劳累。他们一天到晚都是风风火火的，毛主席尤其繁忙，不是在接见民主人士，就是要进城商讨重要事情。但忙碌之余，领导同志们并没有忽略对我们这些孩子的教育，总是利用一切机会见缝插针地教我们学知识、长见识。

有一天，李敏、李讷、叶利亚和我在双清别墅西北角那块巴掌大的平地上玩，毛主席对我们说："新中国很快就要诞生了，你们也都长大啦，该上学读书了，学好本领将来建设新中国。现在没有条件上学，我教你们背古诗好不好呀？"然后用他那浓浓的湖南乡音，吟诵了一首《黄鹤楼送孟浩然之广陵》。当时我们"学历"最高的也只有初小水平，还不能理解这首诗的含义。我问："这首诗讲的是什么意思，您给我们讲讲好吗？"毛主席又仔细地给我们讲了一遍。读懂意思以后，我们很快就背熟了。这是我会背的第一首古诗，所以记忆特别深刻。60多年过去了，每当我背诵这首古诗的时候，当年毛主席教我们背诗的情景仍历历在目。

除了毛主席，朱总司令也经常关心我们的教育问题。当时朱总司令经常外出视察，有一次去视察石景山钢铁厂，特地带上了我们这些小孩子，对我们说："跟我一块去看看工厂是什么样，将来你们建设中国也需要这些知识。"我们跟着朱总司令，在石景山钢铁厂看见了出焦炭的场景，让我们这些农村出生的孩子大受震撼，极大地增加了我们的阅历和见识，在我一生中都留下了很深刻的印象。

光明在前　努力奋斗

在香山生活的五六个月，虽然时间不长，却拥有许多令人难忘的回忆。那时建立新中国的曙光、胜利的曙光在眼前，人们铆足了走好"最后一公里"的劲头，每个人都没日没夜地工作，没日没夜地奋斗。就像主席曾经给我母亲题过的八个字"光明在前，努力奋斗"。

我父亲14岁参加中国工农红军，走过二万五千里长征，走过延安、西柏坡和香山、中南海，担任毛主席机要秘书近30年。

毛泽东为叶子龙之妻蒋英题字。

父亲平时很少嘱咐我们应该怎么说、怎么做，但他和老一辈同志都在言传身教、潜移默化地影响我们。我的童年、少年和青年时期都是在老一辈无产阶级革命家身边度过的，能够倾听他们的亲切教导，感受他们的人格魅力是我的幸运。他们用实际行动影响了我的一生，我也要尽自己的绵薄之力把革命精神传承下去。

我后来每年都要去香山几趟，重游双清别墅。伟人已逝，一草一木也有变化，但奋斗精神和革命热情却由我们这一代传承了下来，未来还将由更年轻的新一代传承下去。

（整理人：李颜旭）

主席身边的机要人员

口述人：王耀山之女王亚地

父亲在香山工作期间，已由股长提升为译电科副科长。组织上对他们纪律要求很严格，他们工作态度非常认真严谨。在香山的工作量每天都很大，分工细致，3个班组24小时连轴转，当时我父亲就是专门负责给毛主席译电的工作人员。

王耀山（1926—2020），河北定县人，1941年参加革命，1945年加入中国共产党。延安抗日军政大学毕业后进入中共中央机要处工作。1947年跟随党中央转战陕北。1949年随中共中央进驻北平香山。1952年参加抗美援朝，在朝鲜志愿军司令部机要处工作至1958年底回国。先后获得独立自由奖章、三级解放勋章。

1941年才13岁的父亲就参加了革命，跟着队伍历经千辛万苦到达革命圣地延安，追随党中央、毛主席转战陕北，见证了新中国的诞生。他的一生历经风雨，平凡而光荣。

跟随党中央转战陕北

父亲年轻的时候，理想坚定，内心向往革命圣地延安。据我父亲讲，他们从晋察冀边区去延安，一路上危机四伏，形势严峻复杂，鬼子一直在"扫荡"，仅在过定县一条铁路时，就三次都没过去。到了延安以后，他就读于延安抗大二分校，刻苦学习，小小年纪就凭着吃苦耐劳的精神，荣获了"开荒小能手"和中央机关劳动模范称号。1945年毕业后就到了中央机要处，在毛主席身边工作。

1947年3月，国民党军大举进攻陕甘宁边区，毛主席带领中共中央主动撤离延安，开始了转战陕北的伟大征程。

那时候毛主席和党中央处境是非常艰苦的。1947年4月，中央机关到

1947年7月，毛主席在陕北小河村与机要人员合影（后排左二为王耀山）。王耀山时任中前委机要二股股长。

达安塞区北部的王家湾。我听父亲说过一个情节，在王家湾他们都是来回跑着给主席送电报，那时经常有敌机轰炸，稍有不慎就有生命危险。

在转战陕北的过程中，有一张毛主席和机要人员的合影。那是1947年7月，毛主席和中共中央机关撤离王家湾行进到靖边县小河村，在小河村召开了中共中央前委扩大会议。在这期间的一天，周恩来同志召集正在忙碌的机要人员，说主席要和大家一起合个影，于是大家放下手头工作兴高采烈地和主席在陕北小河村留下了这张极其珍贵的历史照片。父亲也是照片中最后离世的中央老机要同志。

1947年8月一天的深夜，机要处收到一份紧急电报，因为亟待看到电文内容，毛主席、周恩来和任弼时三位首长就站在我父亲身后，等着他译电。那个时候我父亲也就20岁出头。他清楚记得周恩来说，我们别站在小同志的身后了，站在他身后可能会给他更大压力，我们还是回到房间里，等他译好了再给我们送过来。后来我父亲很快就专心地译好了，给首长们送过去已经是当天凌晨4点了。中共中央根据这份电报内容当夜就作出转移决定。

父亲还回忆起，在转战过程中，有次他们在一个地方住了一夜，第二天早上起来，他们住的房子就被老百姓围得水泄不通，原来是老百姓知道了毛主席在这儿，都想来看望。父亲说他当时最大的感受，就是体会到毛主席在人民心目中的崇高和伟大。

光荣使命：从西柏坡到北平香山

从1947年3月转战陕北，到1948年5月毛主席率领中共中央机关和人民解放军总部移驻西柏坡办公，再到1949年3月23日中共中央从西柏坡出发进京"赶考"，父亲一路都是见证人。

中共中央进驻北平过程中，他受中央机要处处长叶子龙同志的委派，负责主席在路上无线电收发任务。从西柏坡出发时有很多辆车，第一辆是带路的警卫车，第二辆车坐着主席和几名警卫战士，我父亲和几名警卫战士则紧随主席身后，坐在第三辆车里。主席一行 3 月 23 日晚住在唐县一个村庄，3 月 24 日晚七八点钟到达涿县，于 25 日凌晨在涿县换乘火车进北平。我父亲和一些警卫战士 24 日在大车店里休息，后由小车换乘大卡车，过卢沟桥，25 日进驻北平香山。父亲不仅圆满地完成了任务，也是这段路程中唯一跟随主席进京的机要人员。

父亲在香山工作期间，已由股长提升为译电科副科长。组织上对他们纪律要求很严格，他们工作态度非常认真严谨。在香山的工作量每天都很大，分工细致，三个班组 24 小时连轴转，当时我父亲就是专门负责给毛主席译电的工作人员。毛主席从双清别墅搬到中南海办公后，中南海成立机要组专门负责与香山机要工作的对接。

我陪父亲多次去过他在香山工作过的地方，早期父亲行走自如，还可上楼看看，在楼前也留了影。最后一次去是 2016 年夏，父亲已坐在轮椅上，小楼修缮后，父亲的身体状况已经不允许他再去。父亲对香山这个地方有特殊的感情，经常会让我带他去看一看、转一转，满是回忆。

2016 年 7 月 4 日，王耀山在香山。

中共中央在香山期间机要人员使用过的发报机。

参加伟大的抗美援朝战争

1952 年底我父亲接到任务，组织上让他带领几十名在香山负责机要工作的同志，去替换在朝鲜工作的一些机要科同志。

我父亲的一位老战友说，父亲处处关心同志，体恤部下。他们在参加抗美援朝过程中，很多译电员是女同志，父亲就安排每位男同志负责几位女同志在路上的安全，同时还要保证文件材料和译电设备安全抵朝。当时译电科有三个股，这三个股全部加起来就有六七十个人。每个股负责的方向是不一样的，有的负责联络党中央，有的负责联络各个部队，各自工作任务也都比较繁重。

抗美援朝时期，他们生活条件很艰苦。即便如此，父亲也说他们的条件比起那些在前线英勇奋战的将士要好上百倍。

1958 年 10 月底，我父亲负责最后一列军列从朝鲜撤出，他的列车政委袖章，我们都还保留着。在庆祝抗美援朝胜利 60 周年纪念时，《中国青年报》曾经专门写了一篇报道，内容是回忆机要科在抗美援朝期间的工作和生活。

永葆初心本色的革命军人

父亲一生忠于党，忠于祖国，忠于毛主席。他对工作从来都不抱怨，经常把服从组织安排挂在嘴边。他不仅是这么说的，也是这么做的。他一直保持着认真严谨的军人作风。他平易近人，为人正直正派。父亲的优良品质和作风深深影响着我们。

生活中最难忘是他的简朴。他一直保持着在部队的生活习惯，叠过的被子、柜子里的衣服、办公室看过的报纸，永远都是整整齐齐。他在部队养成的习惯，可以说坚持了一辈子，我们这些没有参过军的人，可能都难以理解。父亲对我们也是非常严厉、不苟言笑的。父亲老了以后，我们反而觉得，他更加慈祥。父亲现在已经离我们而去，我们永远怀念他，他是一个值得我们敬爱的老人。

（整理人：陈东阳）

我去清华园车站护卫中共中央进北平

口述人：孙有光

当时北平城内还有不少残留的反动势力，我们在路上就见到几个停在汽车周围疑似国民党的散兵。为了保障党中央领导的安全，队长安排我们带领工兵到将来的中共中央机关驻地及其附近进行扫雷排查，包括双清别墅、来青轩等。

孙有光（1929— ），河南安阳人，1943年加入八路军，1945年参加太行军区组织的打击日寇的安阳战役。1949年，加入中央社会部便衣保卫队，赴北平保卫中央领导的安全。新中国成立后，先后任公安部外联办旅游学校副校长、中国人民公安大学警体系主任等职。

我出生于河南省安阳市的农村，叔父和堂兄弟均加入抗日武装队伍，受家庭和环境的影响，14岁就加入了八路军，在这期间逐渐坚定理想信念，要为解放全中国、为人民过上幸福生活而奋斗终生。

加入便衣队伍

1949年1月，我在石家庄华北军政大学参谋大队第五中队学习。我们参谋大队驻扎在石家庄西兵营第二兵营。那时华北军政大学的校长兼政治委员是叶剑英，副校长是萧克，参谋大队第五中队的党支部书记是中队指导员杨丛林，我是支部组织委员。1月16日，中央社会部到我们学校挑人。当时一个穿灰大衣的领导来给我们开会，说要从学校里面挑选30个人去做社会工作，被选中的人要符合三个条件：第一是中农身份，政治上绝对可靠；第二是年龄在25岁以下，身体健康；第三是要有三年党龄或者五年军龄。当时我们队符合条件的没有这么多人。我们跟华北军政大学副政治委员朱良才汇报同时符合三个条件的人不够后，他同意降低条件，将第三条改为：是正式党员即可。降低条件后挑出的30个人中有的在审查时不合格，于是我被安排递补加入。我们当天就接到通知，第二天上午就出发，但是并没有告诉我们到什么地方去，也不让我们多问。1月17日上午，指导员杨丛林同志让我带领从我们队选调的同志，并带上我们的档案，到第三兵营政治大队去找昨天来选调干部的那位同志。我们到了三兵营政治大队，找到那位同志，我把我们的档案交给了他。我们与从军事大队和政治大队选调

孙有光的华北军政大学毕业证书。

来的同志们会合后，在 70 多人中推选政治大队的李广仁同志担任带队队长。

70 余名同志编成三个临时行军小分队，排好行军队形，跟在那位同志的马后边，走出西兵营向西北方向进发。至于究竟要到哪里去，没有人再提这件事。我们一直走到天黑，到平山县温塘镇住了一晚。1 月 18 日，我们吃过早饭继续行军，于当天下午 4 点，到达建屏县（今平山县）滹沱河西岸的西黄泥村，在那里找到了训练班。

训练班设在西黄泥村两个环境简陋的大院里。当时我们听说这个训练班是中央社会部组织的便衣人员训练班，经过培训后是要当"特务"的，有些同志对这个身份有些抵触。后来方志纯同志给我们上课，说我们和国民党的特务不同，不是间谍，不做伤害人民的事，我们是共产党的"特务"，我们的任务是保卫人民，为人民服务，我们的身份是光荣的。他还告诉我们这是中共中央社会部的便衣训练班，培训结束以后的任务是进北平保卫毛主席。听到这些，

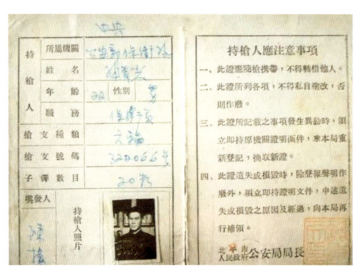
孙有光在便衣保卫队时的持枪证。

大家的疑虑顷刻间烟消云散，高度的荣誉感和使命感油然而生。1 月 31 日，北平和平解放。我们本来计划学习三个月，结果学习了一个半月左右就接到李克农部长的命令，要便衣保卫队赶快结束学习，开赴北平接受任务。

开赴北平接受任务

1949 年 3 月 8 日早上，便衣保卫队在门前集合，我们排着整齐的队伍有序地上了四辆卡车。我们走的路线和主席进京的路线一样，当天晚上宿在石家庄的一个接待站，第二天到达保定，晚上在涿州一所中学的教室里睡了一夜。经过两天的颠簸行程，终于在 3 月 10 日中午到达北平，我们乘坐的卡车一直开到东城区弓弦胡同 15 号院才停下。这是原国民党特务头子戴笠的住所，门上写着"劳动大学筹备处"。李克农部长从里面走出来，与先下车的同志们亲切握手、关心问候，并对我们说，北平城内外潜伏着很多国民党特务，国民党的军队也没有全部撤走，在这种关键时期，你们每个人都要打起十二分精神，要以一当十。李克农部长给我们交代完任务后，又安排王范做便衣队的负责人。王范带领我们住在颐和园附近青龙桥镇的一座古庙里，庙门上悬挂着"圆通庵"的匾额。当时咱们土八路没有见过什么"圆通庵"，也不懂这是什么意思，指导员告诉我们这是尼姑庵的意思，大家打趣道："如今我们这些和尚也住进来了。"庙内有两个大院，我们住在前院。这里是平津战役时东北野战军的驻地，聂荣臻、林彪曾住在这里。他们走的时候，把院子打扫得干干净净的，我们几乎不用收拾就可以直接住下了。因为考虑到我们一路舟车劳顿，李克农部长让我们先休整三天。但第二天王范就打电话说时间紧迫，我们不能休息了，应该赶快去熟悉地形。

考察地形，排查隐患

3 月 11 日早上，我们的队长领着分队长和部分队员到香山勘察环境。我们步行从青龙桥镇出发，沿公路向西走，检查路上有无障碍物和可隐蔽敌人的地点，并记录需设岗放哨的地方。到达香山后，队长找了一个向导，领着我们熟悉将来中央领导们要住的地方。我们一直爬到山顶，一边记录地形，一边在地图上标记可以设置防空设施的准确位置。之后我们又徒步走到玉泉山，爬到玉泉山顶峰，在玉峰塔里边看到好多反动标语。我们把这些都清理掉，并仔细勘察了地形，摸清了基本情况。

当时北平城内还有不少残留的反动势力，我们在路上就见到几个停在汽车周围疑似国民党的散兵。为了保障党中央领导的安全，队长安排我们带领工兵到将来的中共中央机关驻地及其附近进行扫雷排查，包括双清别墅、来青轩等。扫雷排查共进行了三天，我们经过仔细反复的搜查，发现了一颗没有爆炸的手榴弹并及时清理掉了。之后，我们又对香山周边的环境进行了全面摸排。首先，我们把公路两侧200米以内居民的户口查清楚，找到应该监视的对象，确认里面是否有可疑人员。然后，进一步向外扩大清理范围，确保道路安全。

迎接中央领导到来和西苑阅兵

3月23日，毛主席带领中共中央机关从西柏坡动身，25日到达北平。当天早上5点前，我们被告知清华园有接待任务，但不知道具体是接谁，我们猜测是接中央领导。到达清华园后看到武装警卫队已经列好队，我们在车站附近进行仔细巡逻。6点左右，一列火车从西直门方向缓缓驶来，在我们面前停下了。毛泽东、周恩来、刘少奇、朱德、任弼时等中央领导先后从车上走下来，与候车的聂荣臻、李克农等同志握手问好。我当时既高兴又紧张，一方面是第一次见到毛主席心情激动，另一方面是担心护卫不周，不能完成保卫中央领导的任务。随后我们护送毛主席等中央领导到颐和园休息。

到达颐和园后，周恩来带领我们赶往西苑机场，查看下午阅兵准备情况以及沿途路线。那时候从颐和园到西苑机场，乘车大概需要一个多小时。

下午5点，毛主席等中央领导到达西苑机场阅兵。参加阅兵的除了中央领导，还有李济深、沈钧儒、黄炎培、郭沫若等民主人士以及各界代表，盛大的场面热闹非凡，人们脸上都洋溢着激动的笑容。坦克、重炮、高射炮队、摩托化步兵、步兵等兵种排着整齐的队伍接受中央领导和群众的检阅，一声声"毛主席万岁""朱总司令万岁""中国人民解放军万岁"响彻云霄。5点45分阅兵结束，但是民主人士十分热情，一直围着毛主席聊天，询问他的健康状况等。

毛主席回香山的时候，天已经黑了，当时没有公路，路坑坑洼洼的。王范负责开带路车，他害怕有敌人放的地雷或者炸弹，就想着把车开快一点，和后面领导们坐的车拉开距离，一旦前面的车遇险，后面的车就停了。他就开得很快，后边的司机没有领会他的意思，怕跟丢了找不到路，也开得特别快，紧紧跟着。一路颠簸得厉害，后来一进香山东门，周恩来就把王范叫住批评了他："王范，你想干什么，天这么黑，路又不平，你想把车开到沟里面吗？"这时候毛主席也走过来说，你们路上布置那么多岗哨和保卫队，不让老百姓正常走路，这种行为比蒋介石还厉害。周恩来接着说："你们今天回去以后把警卫工作总结一下，明天上午我要听报告。"从那天以后，毛主席等中央领导不管去哪里，都不进行大范围清道，不妨碍百姓走路。

毛主席说我是"小老革命"

4月份的一天，毛主席和周恩来出了香山的东门到路口视察环境。当时那一条路是我们在负责保卫工作，于是我就跟在主席一行的后面，保护领导们的安全。主席看到我说："这个小同志，西苑阅兵他在，回到香山他又在，这是谁啊？"周恩来便向主席介绍，这是便衣队的孙有光。后来在与主席的交谈中，主席知道我刚刚20岁就已经参加革命工作六年了，不由感叹说："你才这么大都参加革命六年了，你也是老革命了。"我说："八路军不算老革命，我参加的是八路军，红军才是真正的老革命。"毛主席笑着说："那你也是老革命，你是'小老革命'！"主席说完后，大家都笑了。

为毛主席和柳亚子同游颐和园做好警卫

1949 年"五一"劳动节，毛主席和柳亚子同游颐和园。那是颐和园正式对外开放的第一天，游园的人很多，我们随同毛主席从东宫门北侧的小门入园。当时柳亚子先生住在颐和园益寿堂的院子里，毛主席游览了一会儿，就提出要去拜访柳亚子先生。我们去的时候是中午，柳亚子正在睡午觉。我们队长让值班警卫通传一声，告诉柳先生说毛主席来了。当时天气很热，毛主席和我们一起在太阳下站着等候。20 分钟过去了，柳亚子还是没有出来。我们想把他叫出来，主席不让，就让我们等着。我们就故意弄出一些响声，提醒他快点。毛主席让我们不要动，等人家出来，主席比划着说："人家要梳妆打扮，换衣服，收拾好才能见客人嘛。哪能像你们那样，别人一叫，衣冠不整的就窜出去了。我们要耐心地等着，不要着急嘛。"看我们站不住了，主席让我们坐下不要说话。可是主席不坐，我们哪好意思坐。半个多小时后，柳亚子和他的夫人整理好了出来，和主席亲切握手问候，寒暄一会儿后就一起去游览颐和园了。

一路上毛主席和柳亚子从诗词歌赋到古今大事，相谈甚欢，我们则在一旁做好保卫工作。随着园里人越来越多，很快就有人认出了毛主席，有人就喊："毛主席来游园了！毛主席万岁！"这么一喊，大家都闻声簇拥而来。恰巧当天在华北人民革命大学广场举行的大型时事报告和联欢大会结束了，大批学生涌入颐和园。许多学生认识毛主席，纷纷簇拥过来将主席围住。为了保证主席的安全，我们迅速护送着毛主席沿着昆明湖走，一路上人山人海，我们小心翼翼地保护着毛主席，走到湖边看到有船，我们赶快护送毛主席和柳亚子夫妇上船，我们就开小船在周围为毛主席开路。后来到湖中间，岸上面的人们还在不停地喊毛主席，湖面上的船都往毛主席这边集中，我们在两边开路，一直到十七孔桥北边才靠岸，请毛主席上车，随后把主席安全送回到香山。

激动人心的七一大会

1949 年 7 月 1 日是中国共产党成立 28 周年纪念日，中共中央华北局、中共北平市委在先农坛体育场举行纪念大会。我在七一大会上主要负责安全保卫工作。我们在当天中午就接到通知，下午 6 点过去。据说中共中央和华北局的领导会参加

1949 年 7 月 1 日晚，北平先农坛运动场举办纪念中国共产党成立 28 周年大会。图为大会会场。

会议，不确定毛主席会不会出席。会场布置得既庄严又朴素，主席台位于体育场西侧，台上挂着毛主席和朱总司令的巨幅画像，主席台对面高悬着马克思、恩格斯、列宁、斯大林的巨幅画像，主席台右侧指挥台上方悬挂着周恩来、刘少奇和任弼时同志的画像。参加会议的人都坐在台阶和跑道上，跑道中间摆放着一个由红色灯组成的五角星，将整个运动场都照亮了，象征着中国共产党照亮了全中国。伴随着庄严的国际歌，大会于晚上 7 点 48 分正式开始，党政军民机关党员干部、民主人士、工人、学生等各界代表三万多人参加。大会首先向为革命牺牲的先烈们致哀，感谢他们抛头颅洒热血为中国革命奋斗，他们的遗志即将实现。接下来，各界代表纷纷发言，表达了要为崇高的革命理想不懈奋斗的志向，李济深、张澜等民主人士代表都作了精彩发言。本来我们以为毛主席不会来了，因为就在开会的前两天，国民党对上海进行了轰炸，死伤众多。在 10 点左右会议即将结束的时候，毛主席和周恩来出现了，会场瞬间沸腾起来，掌声雷动，大家欢

呼："毛主席来了！请毛主席讲话！"毛主席与大会主席团及各位来宾一一握手后给大家摆摆手，大家才平静下来。毛主席在大会上没有发表正式讲话，只是带领大家一齐高喊口号："全国人民团结起来！打倒帝国主义！打倒封建主义！打倒官僚资本主义！打倒国民党反动派！召开新的政治协商会议！成立中国人民民主共和国！中国人民民主共和国万岁！中国人民大团结万岁！中国人民解放军万岁！中国共产党万岁！"那一声声口号响彻云霄，那热烈的庆祝场面，让我终生难忘。

（整理人：余晓枫）

用镜头记录历史的红色摄影师

口述人：徐肖冰与侯波之子徐建林

"我们自己培养的摄影师，是吃延安小米成长起来的"这句话，我父亲铭记了一辈子，他始终坚定信念，不怕任何困难，要用一生报答人民的养育之恩。

徐肖冰（1916—2009），浙江桐乡人，中国文联荣誉委员、著名摄影家。1942年加入中国共产党。香山时期，他在双清别墅给毛泽东拍摄了很多珍贵的照片。先后参与了《开国大典》《解放了的中国》等多部重要纪录片的摄影或编导工作，在摄影创作上成就斐然。

侯波（1924—2017），山西夏县人，1938年到延安参加革命。1949年任北平电影制片厂摄影科长，同年调入中南海，任中共中央办公厅警卫局摄影科科长，为毛泽东和党中央的领导同志专职摄影达12年之久，被誉为"红墙摄影师"。

西苑机场阅兵

1949 年 3 月 24 日，北平市军管会通知父亲，让他在 25 日到西苑机场拍摄一场重大的欢迎仪式。25 日一早，父亲就带着其他六名摄影师和工作人员一行到达西苑机场。据他回忆，那天西苑机场的人很多，受检阅的人民解放军部队整齐地排列在西苑机场，特别引人注意的是一些英雄连队打着旗子，旗子上写着"热烈欢迎毛主席"等标语，民主党派、工人、学生等社会各界代表也都在那里等候。

1949 年 3 月 25 日，毛泽东在北平西苑机场与记者合影（左二为徐肖冰）。

毛泽东、周恩来、刘少奇、朱德、任弼时五大书记和中央的其他一些领导同志乘坐汽车抵达西苑机场时，受到了全场的热烈欢迎。当时父亲忙着拍摄人民群众欢迎中共中央领导人的镜头，他在人群里挤来挤去，有时三脚架都挤歪了。我父亲正拍着，突然就听到毛主席说了一句话："这不是徐肖冰吗？"我父亲一愣，还没等他回应，主席就对旁边的民主人士介绍："他是我们自己培养的摄影师，是吃延安小米成长起来的。"我父亲没有想到毛主席记忆力这么好，他只是一个普通的摄影工作者，从 1945 年在延安杨家岭告别主席，已经有四年了，主席不仅能认出我父亲，而且能叫出他的名字，我父亲很是激动。后来主席又主动和包括我父亲在内的负责拍摄西苑机场阅兵的工作人员合影。在合影时毛主席穿的还是延安的那件旧棉大衣，非常朴素。

"我们自己培养的摄影师，是吃延安小米成长起来的"这句话，我父亲铭记了一辈子，他始终坚定信念，不怕任何困难，要用一生报答人民的养育之恩。在这个欢迎仪式之后，中共中央机关和中国人民解放军总部进驻香山。

新中国成立前主席的繁忙工作

1949年4月1日，南京国民党政府代表团抵达北平，中国共产党和国民党开始进行和平谈判，谈判地点在北平的六国饭店。当时南京国民党政府代表团的团长是张治中，中共代表团的团长是周恩来。中共代表团秘书长齐燕铭在机场迎接南京国民党政府代表团。我父亲负责在机场拍照。在南京国民党政府代表团里，我父亲看到了一个熟人，这个人就是著名的电影演员金山。我父亲在上海的时候就认识他，后来才知道金山是中共的地下党员。

4月20日，南京国民党政府拒绝签订《国内和平协定（最后修正案）》，国共和谈破裂。当天，中共中央作出了打过长江去，解放全中国的决定。这一夜主席彻夜未眠，一直在作战地图前思考问题，指挥前线的部队。21日上午，毛泽东、朱德联名向中国人民解放军发布了《向全国进军的命令》。这一天主席不吃也不睡，要么是坐在地图前面，要么就是跟人谈论作战情况，处于高度兴奋状态。身边的工作人员劝主席，让他休息一会儿吃点东西，主席不听。主席的卫士长李银桥就找来了李敏，让李敏劝一劝父亲。李敏就拉着主席的手，在院子里头散了一会儿步，然后主席吃了一点东西，在沙发上大概休息了两个小时，就又起来工作，又是通宵未眠。

22日这一天主席仍然是紧张地工作，要么是开书记会议，要么就是在作战地图前面思考，这一天，他还为新华社写了两篇通讯稿《我三十万大军胜利南渡长江》和《人民解放军百万大军横渡长江》。

24日下午，我父亲到主席住的双清别墅，一进院子就看见主席在聚精会神地看刊登有醒目标题"解放南京"的号外。怕惊动主席，他抓拍了几张照片。其中一张照片后来发表在天津的《进步日报》上。在这张照片中，主席右手放在膝盖上，左手拿着报纸，正在聚精会神地读报纸上的内容。这张照片的使用率很高，有的人说这张照片是摆拍的，我父亲说那个时候主席昼夜不停地工作，根本没有时间和精力去摆拍，而且主席也从不喜欢摆拍。

一张珍贵的合影

1949年毛泽东与摄影师侯波、徐肖冰在香山双清别墅的合影。

那时我父亲住在香山，主要任务是去双清别墅拍摄毛主席的重要活动。我母亲侯波当时是北平电影制片厂照相科的科长，她也因为工作关系，经常要去双清别墅。母亲的主要任务是把父亲拍的那些照片拿到城里冲洗、印好，然后再送回去交给主席及其他中央领导审看。有一张照片是父母和毛主席唯一的一张合影，对父母来说异常珍贵。

1949年4月，我的父母和新华社的记者陈正清在双清别墅拍摄主席接见苏联代表团的照片。会见结束，主席送走客人，父亲他们也赶紧收拾东西准备走。这时，主席回过身来，对他们说，你们每次都是来去匆匆，咱们也没有时间坐下来说话，今天不要忙着走，坐下来聊一聊。我父亲和主席接触得比较多，他没什么，但我母亲非常紧张，虽然她在延安见过毛主席，但都是远距离的，没有到跟前这么近地坐过。主席就跟我父亲说，徐肖冰，这位女同志是谁，介绍一下。我父亲就赶快说，她叫侯波，是我爱人，也是搞摄影的，她也是从延安来的。主席就说，延安出来的是喝过延安水、吃过延安小米饭的，然后接着问我母亲是什么地方的人，我母亲紧张地说山西夏县。主席说山西是个好地方，你们夏县出了个关云长，武艺高强，品德又很高尚。主席又讲了很多抗日战争时期山西的英雄事迹和我们打的一些漂亮的战役。这么一讲气氛立马就缓和了，我母亲也就放松了。因为他们不敢耽误主席太长时间，就提出来主席很忙，他们该走了。主席说好，咱们一块照个相吧。我父母亲站在两边，在主席的左右站好。毛主席说这不行，女同志能顶半边天，要站在中间，就把我母亲推到中间。最后就是毛主席站在边上，母亲站在中间，陈正青拍下了这张珍贵的合影。主席说妇女能顶半边天，这是我母亲有生以来第一次听到这句话。

拍摄开国大典

没过多久，中央办公厅主任杨尚昆和主席办公室主任叶子龙找我母亲谈话，说组织上决定，要在中南海警卫局成立摄影科，调我母亲任摄影科科长，而且是光杆司令，科长、科员都是母亲一个人，以后慢慢再发展。就这样我母亲就从北平电影制片厂调到了中南海警卫局摄影科工作，这一干就是 12 年。

1949 年 10 月 1 日开国大典，母亲在天安门城楼上负责拍照。据她回忆，当时只有 10 个胶卷，每一个胶卷可以拍 12 张照片，胶卷数量有限，而且这些胶卷是用外汇从香港购买的，都是劳动人民的血汗钱，所以她每按一下快门都很珍惜。为了拍好照片，她只能把自己的身体尽最大可能地往后倾，有时候需要身体紧紧地抵着天安门城楼上的护栏，这样才能拉开和拍摄对象的距离。这个动作十分危险，因为那个时候并没有很好的防护措施，而且天安门城楼很多地方还没有来得及做加固处理，搞不好就可能掉下去。母亲就是在这样的条件下完成了拍摄工作。她拍完毛主席宣布中华人民共和国成立了的照片以后才发现有人在拉着她的衣服，回头一看，原来是周总理。总理怕她摔下去，所以在我母亲拍摄期间一直在后面拽着她的衣服。每当母亲看到开国大典的照片时都要说，这里有周总理的一份功劳。

《解放了的中国》

1949年下半年，中国共产党领导的人民解放军已经在全国范围内取得了决定性胜利，北平正在召开新政治协商会议，同时筹备开国大典。这时苏联派了两个高水平的摄制组，帮助北平电影制片厂拍摄《解放了的中国》和《中国人民的胜利》两个大型纪录片。中共中央对这两个片子十分重视，专门组织了强有力的团队，与苏联摄制组合作。苏联方面派国际上比较著名的导演格拉西莫夫出任《解放了的中国》的导演，著名摄影师拉勃勃尔特为这个片子的总摄影师，我父亲是摄制组的总领队，著名作家周立波担任文学顾问，另外还专门请了当时在中国很有影响力的音乐家何

1951年，由苏联和中国电影工作者联合摄制的电影《解放了的中国》获斯大林文艺奖，领奖后徐肖冰（右一）、苏河清（右二）在莫斯科合影。

士德作为两个片子的音乐创作者。设备和人员配备齐全以后，周总理还专门给我父亲他们讲过一次话，重点指出了这两个片子的意义，要求他们不但要配合好苏联专家的工作，还要抓住机会向他们学习，确保把这两个片子拍好。父亲虽然是摄制组的总领队，实际上他真正的工作是担任《解放了的中国》的摄影工作。为了拍摄好这部电影，父亲他们要去全国各地取景，由于有周总理的指示，各地党、政、军给予了全力配合。最后在苏联完成了电影的制作。

在苏联工作期间还发生过很多有意思的事情。在莫斯科父亲他们吃不惯当地的饭菜，一进餐厅就皱起眉头，不是他们娇气，实在是吃不习惯，难以下咽。为了能吃上一顿比较地道的中餐，他们就打起了中国大使馆的主意。一到上午 10 点钟，他们就装作有事的样子，到大使馆去，与大使馆的工作人员神侃一通，目的就是想要留下吃一顿中国饭。可是这种办法奏效的时候不多，因为大使馆的经费有限，那时候苏联与中国来往频繁，中国去苏联的人特别多，在大使馆逗留的人员也很多，如果都在大使馆吃饭非得把大使馆给吃垮了不可。于是大使馆就规定，不是特殊情况，一律不留人在大使馆吃饭。每到临近吃午饭的时候，大使馆就有人打招呼说，对不起，现在快到吃饭的时间了，大使馆无力承担各位的吃饭事宜，请你们自己想办法解决午饭问题。每当这时候，父亲他们就只好回摄制组吃饭。

父亲他们从苏联回国之后，很快《解放了的中国》就上映了。这样的彩色影片在新中国是第一次播放，引起了巨大的社会反响。毛主席和周总理等党和国家领导人看后都给予了高度的评价。后来这部片子荣获斯大林文艺奖一等奖。当时父亲因为这个影片获奖还被颁发了金牌，并且发了一笔不菲的奖金，大概是 3000 多卢布。那时候抗美援朝战争已经打响了，父亲和周立波、苏清河等其他几位获奖的人就把这笔钱全部捐给了国家，购买战斗机，当时《人民日报》《大公报》还刊登了这条消息。

（整理人：石碧兰）

第一枚军徽设计者

口述人：赵光琛

1949 年 6 月 15 日，中国人民革命军事委员会主席毛泽东和副主席周恩来、刘少奇、朱德、彭德怀签署命令，公布了中国人民解放军的军旗和军徽样式，中国人民解放军军旗和军徽由此正式诞生了。

　　赵光琛（1924—2022），河北束鹿人，1938 年 1 月参加革命，10 月加入中国共产党。1939 年在八路军第一二〇师参谋训练队受训，后赴晋察冀军区工作。1948 年，由晋察冀军区选调到西柏坡中央军委作战部任参谋，参加了中国人民解放军军旗、军徽的设计以及帽徽的式样制造等工作。

回忆入驻香山

1949 年，中共中央机关进驻北平香山，为保密，对外称"劳动大学"。图为赵光琛使用并保留的"劳动大学"通行证章。

党中央是 1949 年 3 月 23 日离开的西柏坡。我们跟着党中央和中国人民解放军总部离开西柏坡的时候，是坐大卡车离开的。离开的时候毛主席先讲了话，然后我们就从西柏坡出发，进京"赶考"去了。3 月 25 日，我们到达北平。到北平后，五大书记就到西苑机场检阅了部队，之后他们休息了一下，当天晚上到达香山。当时绝大部分中央机关都住在香山。毛主席当时住在双清别墅，其他四个书记住在双清别墅旁边的来青轩。为了保密，中共中央机关对外用代号，称"劳动大学"。

我们刚到香山时，虽然已经有了北平城的平面地图，但是香山的地形图和平面图还是没有的。毛泽东主席和周恩来就提出香山还需要有一个地形图，就让我们中央军委作战部的参谋们完成这个工作。那时候我就在作战部当参谋，作战部就组织我们测绘了香山的地形，按照周恩来交代的，哪个地方有房子，有几间房子，都得标出来。当时我们作战部住在香山下面的教保院，还有一些中央机关也住在这里，也就是现在的香山饭店所在地。

毛主席到了香山以后，就让周恩来通知南京国民党政府派代表来北平进行和平谈判。后来，周恩来就开始和南京国民党政府派来的代表张治中等人进行谈判。经过谈判，达成协议以后，国民党反动政府和蒋介石却不同意。所以我们就开始了渡江战役。渡江战役就是党中央在香山期间指挥的。

军旗的诞生过程

军旗、军徽的诞生是中国人民解放军正规化的标志。毛主席、周恩来对人民解放军的正规化建设一直非常重视。中国人民解放军，正式命名是在 1947 年 10 月 10 日发布的《中国人民解放军宣言》里提出的，这份《宣言》是由毛主席起草的，署名是总司令朱德、副总司令彭德怀。所以从1947 年开始，中国人民解放军这一名称就正式开始使用。

1949 年 10 月 1 日，中国人民解放军在开国大典阅兵式上高举由赵光琛参与设计的中国人民解放军军旗通过天安门广场。

军旗的设计是毛主席从陕北到西柏坡来的时候，在路上给各大单位布置的任务，当时就提出我们人民解放军要有军旗，并让各单位把他们设计的军旗样式一式一样地送到西柏坡。在西柏坡召开的党的七届二中全会上，有一项任务就是确定军旗。但是当时作战部和各个单位送来的军旗样式中，没有一个是适合作为现代军旗使用的。最后因为来不及讨论了，毛主席就写了个决定，军旗需要有三个要素，第一个是五星，第二个是八一，第三个是红旗，要求按照这个原则设计。

3 月 25 日，中共中央机关和中国人民解放军总部进驻香山以后，周恩来就开始安排军旗、军徽样式的设计工作。当时按照毛主席提出的军旗设计原则，设定了三种方案。三种方案设计完后，毛主席和周恩来说，要征求在北平的中央委员的意见。当时由我去征求意见，征求完意见后，就确定其中一个方案为正式军旗样式了。

后来军旗就开始进行制作了，当时我们是按照军区总部的军旗尺寸，做了第一面军旗。军旗做出来后，中共中央机关的人都去香山双清别墅看军旗样式。周恩来当时又说，军旗的样式向各单位发下去以后，还得要再拍一个关于军旗的电影。这个电影是由我和北平电影制片厂一个有拍纪录片经验的工作人员负责拍摄的。在拍摄电影的开头那一幕"八一军旗"迎风飘扬的画面时，天气是没有刮风的。为了拍摄效果，我们只能坐在坑里面拿着旗子，然后吹风制造效果进行拍摄。

中国人民解放军总部和下面各个单位的军旗尺寸都是有具体规定的。还规定，旗杆顶上要有尖，要像红缨枪一样，并且军旗的旗杆颜色等都有具体规定。各种部队在授旗时也有规定，比如军长给师长授旗，师长接到旗子以后，要有两个护旗兵。还有，军旗在各种队形下的位置也有规定，如果部队是方队，军旗要在中间，如果部队是横队，军旗就要在右边的第一排，部队行走的时候，军旗就要在前头。

第一枚军徽的设计制作过程

当时，是我们中国人民解放军总参谋部先设计出来的军徽帽徽。需要设计成什么样子和大小，都是需要考量的。完成设计后，我就拿着图纸到北平前门外西河沿的一家工厂，询问能否制作这个军徽。工厂说能做，于是我就在这个加工厂做了军徽。军徽做完后，我将军徽样徽拿给了毛主席和周恩来看。当时做成的第一枚样徽的表面是比较亮的，主席和周恩来就认为这枚军徽太亮了，会反光，战士戴上容易暴露目标，作战时容易被敌人发现。后来，朱德总司令看后也提出了同样的观点，并要求我们改进后重做，于是我们又制作了一枚表面涂上黄红两色珐琅釉的样品，表面是哑

1949 年中央军委作战处参谋赵光琛参与设计制作并保存的中国人民解放军军徽样徽（未正式使用版）。

1949 年中央军委作战处参谋赵光琛参与设计制作并保存的中国人民解放军军徽样徽（正式使用版）。

光材质的。另外，军徽上五角星形状的五个角里都设计有一个小孔，是为了方便用棉线固定在帽子上。这是因为周恩来当时特别指出帽徽背面不要设铁丝固定，因为铁丝容易伤到我们的战士。

大概是 4 月的一天下午，这枚新的军徽样式做完后，我们拿着军徽样式去周恩来在中南海的办公室。秘书童小鹏说："周恩来同志有外事活动，大概晚上两点才能回来，你们可以在床上躺着休息一下，等他回来。"我们当时就想，这是周恩来同志的床，我们能随便躺吗？但是确实又不知道要一直等到晚上该怎么办，最后我们还是没有掀开被子，只是躺在床上休息了一下。等到周恩来回来，他还没有用过饭，于是叫人弄了一盆面条来吃，还让我们也一人吃了一碗，吃完面条，他就开始和我们讨论军徽的事情。因为当时我们并没有把军徽缝到帽子上展示给他看。周恩来说："要不要先找线把军徽缝到帽子上，你戴上帽子，我看一看，可以的话就定了。"周恩来看完后觉得很满意。之后，我又拿着这个样品去征求其他领导同志们的意见，朱德、聂荣臻等人也都对这个军徽样式非常满意。于是，军徽的样式就这样确定了下来。

1949 年 6 月 15 日，中国人民革命军事委员会主席毛泽东和副主席周恩来、刘少奇、朱德、彭德怀签署命令，公布了中国人民解放军的军旗和军徽样式，中国人民解放军军旗和军徽由此正式诞生了。

　　军旗和军徽样式正式发布的时间，是早于中央人民政府成立时间的。因为军旗和军徽是代表军队的，军队是由中国共产党领导的，所以就没等到中央人民政府成立时再公布，而是以中国人民革命军事委员会主席毛泽东名义发布。

（整理人：尤曼卿）

为开国大典绘制毛主席画像

口述人：周令钊之女周容

在钟灵同志的直接组织下，新政协会徽团选定了张仃和我父亲设计的由红星、齿轮、嘉禾、红旗和中国地图等构成的图稿。他们还在设计的新政协会徽图稿上写了说明："1.五星表示无产阶级领导；2.齿轮、嘉禾表示工农联盟为基础；3.四面红旗表示四个阶级大联合；4.地图表示新中国，背景光芒四射。"

周令钊（1919—2023），湖南平江人。1948年，应徐悲鸿邀请任教于国立北平艺术专科学校，参与绘制了中华人民共和国开国大典天安门城楼毛主席巨幅画像；参与设计了中华人民共和国国徽、政协会徽等；主笔设计了中国共产主义青年团团旗、中国人民解放军三大勋章等。2019年获评新中国成立70周年"最美奋斗者"，被誉为中国艺术设计大师。

布置国共和谈会场

1949 年 4 月初，国共和谈在北平六国饭店举行，事前父亲接受了布置谈判会场的任务，他带领实用美术系的学生，一起来到六国饭店，完成了这个任务。

据父亲回忆，布置会场时要求在主席座后墙上悬挂毛主席画像，并且拿了好几幅毛主席在延安时的照片让我父亲挑选，我父亲选中了毛主席头戴八角帽、衣领自然敞开、面带微笑、目视前方的那一幅，认为照片展示出来的风采，是人民领袖的真实写照。照片选好后父亲精心绘制了毛主席的画像，红色底，黑白画像。会场里有八个柱头，父亲在上面设计了八块红色的牌子，用庄重的字体分别书写毛主席提出的八项和平条件，牌子上的字是黑色的，与红底交相辉映，端庄厚重；牌子上部精心雕琢一羽展翅飞翔的白色和平鸽，表意清晰明确，会场的氛围生动和谐。我父亲还领着大家对会场的桌椅、灯光、音响等进行了细致调整，使整个谈判会场庄严大气，事后我父亲听说中央领导同志对谈判会场的布置设计很满意。

设计新政协会徽

1949 年 6 月 15 日至 19 日，新政治协商会议筹备会在北平召开，召开新政协的各项筹备工作随即开展起来。筹备会常务委员会将会徽设计工作交给文娱布置科科长和中南海俱乐部主任钟灵同志负责，明确会徽的含义为无产阶级所领导的以工农联盟为基础的各革命阶级大团结。

在钟灵同志的直接组织下，新政协会徽团选定了张仃和我父亲设计的由红星、齿轮、嘉禾、红旗和中国地图等构成的图稿。他们还在设计的新政协会徽图稿上写了说明："1. 五星表示无产阶级领导；2. 齿轮、嘉禾表示工农联盟为基础；3. 四面红旗表示四个阶级大联合；4. 地图表示新中国，背景光芒四射。7 月 20 日。"

1949 年 9 月，中国人民政治协商会议第一届全体会议在中南海召开，周令钊参与设计的中国人民政治协商会议会徽悬挂在新华门正上方。

　　张仃和我父亲设计的新政协会徽得到了毛泽东、周恩来、朱德等领导同志的重视和认可。7 月 25 日，在综合草案之二、之三形成的新政协会徽草案之四上，周恩来同志批示："燕铭：主席赞成此草案，只请将天蓝色稍淡点或即用此色亦无不可，望即以此图样送新政协筹备会常委会传观通过。"会徽设计图稿在传观时，朱德同志在会徽图案的说明稿上批示："这个好（稍椭圆一点）"。

　　新政协会徽图稿获新政协筹备会常务委员会传观通过后，有关会徽的各项制作工作随即进行。1949 年 7 月 26 日，钟灵同志在会徽设计说明稿上写道："已通过，拟请张仃同志绘出黑图以便制锌版烫金用……"1949 年 9 月 21 日，中国人民政治协商会议第一届全体会议开幕式在中南海怀仁堂隆重举行，大会会场首次悬挂了会徽，同时，在怀仁堂大门和中南海新华门也悬挂了会徽。

绘制毛主席画像

1949 年 9 月，当时的国立北平艺术专科学校党委书记江丰找到我父亲，说开国大典筹备处把绘制天安门城楼毛主席像的任务交给了学校，学校商量后决定让我父亲来绘制。绘制领袖画像的工作立即紧张开展起来，因为时间比较紧，我父亲在请示领导同意后就带着我母亲陈若菊一起画，他们先是到天安门城楼看现场，量了尺寸，规划了画像的大小，在开国大典筹委会提供的一组备选照片里挑选了一幅毛主席头戴八角帽、敞开衣领、微笑远望的照片作为绘画参考，按照领导的要求，画像的下半部还要放上毛主席手书"为人民服务"五个字。

开国大典时悬挂在天安门城楼的毛主席像。

当时绘制工作主要面临三个难题：一是画幅大，6.2 米 ×4.8 米，有两层楼那么高，但是没有画画用的专业升降机；二是如果画在油画布上，如此大的画像可能被风吹得鼓动，被雨雪浸湿，既影响观瞻，也不利于长期悬挂保存；三是筹委会提供的毛主席照片较小，需要精准放大，但没有专业的放大设备。在抗战年代，我父亲有过舞台美术和室外大广告牌设计与放大的经历。为了解决这些难题，他请筹委会帮忙找人在天安门城楼大殿东侧的露天台上搭了个脚手架，用马口铁皮钉在结实的木框上代替画布，用油画颜料直接画，没有放大机，就用打格放大法，先在照片上打格，放大一个稍大一些的中稿，然后在这个稿子上再打格放大到马口铁制画面上，尺子不够长，就用裁缝师傅的办法用粉线袋弹线打格。为了深入刻画领袖的风采，父亲需要从脚手架上爬上爬下，认真比对、观察。在为开国大典绘制毛主席像的10多天里，我的父母每天早出晚归，一画就是一整天。

9月30日晚，开国大典筹委会副主任、北京市市长聂荣臻特意到天安门城楼查看画像绘制情况，仔细看了很久，发觉主席画像的领口是敞开的，便说：画像不错，也很像，神情也好，但明天是开国大典，主席的风纪扣还是扣上比较好，这样与开国大典的庄重时刻更相宜。父亲立刻动手修改，用画笔很快就将主席像上的风纪扣"扣"上了。此时满城华灯初上，父亲和母亲便回到家中休息，可刚躺下不久，就听到有人敲门说，毛主席画像已经挂到了天安门城楼上，中央首长看过了，认为画像上还是不写字的好。原来，周恩来总理来到天安门广场视察开国大典筹备工作，看见挂在城楼上的毛主席画像下沿有一行字，提出：主席像上还是不要写字为好，广场那么大，字在衣服上很小，远处看不清，也不协调，破坏了毛主席像的完整性。父亲赶到天安门时，几个聚光灯把画像照得通亮，用三个木梯绑接起来的长梯也靠在毛主席像下方了。父亲拿着画具爬上去，梯子一晃一晃的，脚下是黑黑的门洞，站在下面看的人都觉得心里很不踏实，生怕他掉下来，好在他没有恐高症。画像有四米多宽，我父亲在晃晃悠悠的梯子上画完一边后，下梯，挪动梯子再上梯画另一边。几上几下，直到看不出改动的痕迹才离开，那时，天已露出曙色。

参与设计国徽

在国徽设计的过程中，有两个设计小组，一个是中央美术学院组，另一个是清华大学组。中央美院组主要由张仃、张光宇和我父亲组成。在中央美术学院这一组，我父亲看了张仃、张光宇的设计方案后，提出天安门上方一颗五星红旗的图案接近越南国徽，他建议将一颗五角星改为五颗五角星。因为当时新中国的国旗已经确定为五星红旗，他认为新中国国徽采用新国旗图案最准确。五颗五角星象征中国共产党领导的全国各民族各阶层人民团结在党的周围。于是，他画了一幅"五星红旗下的天安门"的设计草图给张仃。张仃将此方案一并上报。

1950年6月，全国政协国徽审查组最后一次讨论了国徽方案，周恩来主持了这次讨论。在认真听取审查小组的汇报后，会议采纳了李四光、张奚若、邵力子等绝大多数委员的意见，决定采用由国旗、天安门、齿轮和麦稻穗等内容构成的国徽，象征中国人民自五四运动以来的新民主主义革命斗争和工人阶级领导的以工农联盟为基础的人民民主专政新中国的诞生。国徽方案最终确定后，交由清华大学组的成员们对平面设计图做了精准的刻画，并由清华大学教师、设计艺术家高庄进行定型设计，塑造成浮雕模型。高庄是我父亲在武昌艺术专科学校学习时的班主任，没想到，10多年后他们竟然成为新中国国徽设计的师生搭档。

设计中国新民主主义青年团团旗

1949年4月11日至18日，中国新民主主义青年团第一次全国代表大会在刚刚解放的北平举行，会场设在国立北平艺专礼堂，由父亲带着他的学生设计、布置会场。在这个过程中，父亲认识了团中央主管的中国青年杂志社的美术编辑娄霜。中国新民主主义青年团第一次全国代表大会结束后，团中央根据代表们的要求决定制定团旗、团徽和团歌，并且在《人民

1950 年 5 月 3 日，《人民日报》头版刊登的《青年团团旗图样及制法》。

日报》上刊登了征求团旗、团徽、团歌的启事。

娄霜来到我父亲的住所，谈到了团中央征集团旗的事，希望我父亲也设计一个团旗，来为青年人自己的组织作一份贡献。父亲问团旗设计有什么要求？娄霜说：青年团是党的助手和后备军，要团结和围绕在中国共产党的周围，团旗应该体现出这一政治主张。父亲听后立即找来纸笔，用铅笔在一张白纸的左上角画了一个五角星，然后用圆规以五角星的中心为原点、画了一个圆圈。我父亲拿着草图对娄霜说：我想用这两个元素表现你刚才说的意思，五角星代表中国共产党的领导，圆圈表示青年们手拉手紧密团结在党的周围……娄霜没等我父亲说完，兴奋地说：太好了！简洁明了，太贴切了。父亲回到书房，快速画好铅笔正稿，用毛笔将旗的底色涂成红色，五角星和圆圈涂成黄色，娄霜从自己的衣兜里掏出钢笔，小心翼翼地在空白处写下"团结在共产党周围"作为设计理念的说明文字，并将它交给了团中央负责团旗征集的同志。后来，团中央将应征的团旗图案做了一次展示，广泛征求各方面的意见，然后根据意见几经筛选，并请来专家进行评选，最后确定待选式样，报送党中央审批，其中就有我父亲的设计稿。周恩来在我父亲的设计稿上批示："同意这个。须将金黄色圆圈及五角星移下点，置于红旗四分之一的中间。"刘少奇批示："这个好。"毛泽东批示："同意此式。"团旗的样式按照周恩来的指示精神修改定稿后，团中央发出了《关于颁布团旗的决定》。1950 年 5 月 3 日的《人民日报》头版刊登了团旗图样及制法，说明这个团旗的式样是：旗面为红色，象征革命胜利，左上角缀黄色五角星，五角星周围环绕以黄色圆形圈，象征中国青年一代团结在中国共产党的周围。由此，团旗正式诞生。

（整理人：温晓丽）

我们非常有幸参与中国革命

口述人：戴维·柯鲁克与伊莎白·柯鲁克之子柯马凯

我父母决定把在中国考察"土改"的情况和中国共产党发展农村的一些政策写成书，目的就是要宣传中国共产党的成功经验，因为世界上有好多国家都是农业大国，比方说印度，这些农业大国就可以参考着中国共产党的做法来发展本国。

戴维·柯鲁克（David Crook，1910—2000），出生于英国伦敦，新中国英语教学的拓荒人，参加过国际纵队，投身反法西斯斗争。1947年与夫人一道进入中国解放区，后致力于我国教育事业，培养外语人才。

伊莎白·柯鲁克（Isabel Crook，1915—2023），加拿大人，1915年出生于中国成都一个加拿大传教士家庭，著名国际友人、国际共产主义战士、教育家、新中国英语教学的拓荒人。2019年9月被授予"友谊勋章"。

我的父母在中国结缘

我母亲出生于中国成都，她从华西坝的高中毕业后，回到加拿大继续学业。1938 年，我母亲回到中国，这时抗日战争已经全面爆发，沿海很多地方都已经沦陷了。我母亲因为出生在四川，所以她去的是大后方璧山县，当时大后方为配合抗战，一些爱国志士发起了一场乡村建设运动，我母亲积极投入了这项工作。我母亲在上大学包括读研究生的时候，兴趣点就是人类学，她想要从人类学的观点，研究调查中国农村状况。她在璧山县的一个叫兴隆场（今重庆市璧山县大兴镇）的村庄里住了小两年时间，在做社会调查之余，她投身乡村建设，比如，扫盲、办幼儿园、办合作社、办诊所等，为贫困农村的发展做事。我姥姥、姥爷当时都在成都，所以我母亲时不时地还要去成都看望他们，有一次正赶上日军轰炸，炸伤了一些市民。那时成都还有城墙城门，她在北城门一带，看见城外有好多市民受了伤，人们把这些受伤市民抬进城里，我母亲就在城内一个院子里帮着伤员清洗伤口，并送到医院医治。

我父亲也是 1938 年来中国的。他曾参加世界反法西斯战争，并在西班牙参加了国际纵队。1938 年，他在西班牙战场上负伤以后，就去医院治疗，并在那时认识了白求恩等人。当时，包括白求恩在内的那些共产党员们正在传阅一本脍炙人口的书，就是斯诺写的《西行漫记》，这本书也传到了我父亲手里。我父亲在这本书里看到中国共产党好多英雄事迹，如飞夺泸定桥，所以他就萌发了一种想来中国的愿望。1938 年，包括我父亲和白求恩等国际纵队成员就来到了中国。

我父亲刚到中国时，在上海待了一段时间，那时他正好看到了日本在对城市进行轰炸，父亲爱摄影，也当过摄影记者，所以拍了很多照片，包括上海被炸毁的情况和日军在公共租界把守等照片。我父亲那个时候在圣约翰大学教书，因为他早已加入英国共产党，所以在圣约翰大学教书期间，他见到进步学生就经常鼓励他们，还劝说他们可以到延安去做一些工作。

英、美这些国家和日本成为敌对国以后，我父亲所在的圣约翰大学还有其他的一些教会大学，就都撤到后方去了。圣约翰大学还有南京金陵大学，都迁到了四川成都的华西坝。

后来，我父亲在金陵大学教书时，还继续组织了一个共产主义学习小组，这个小组是秘密成立的，成员有的是学生，有的是当地人，我父亲对这个小组很积极。英国作家韩素音在她的回忆录里也提到了我父亲参与组织学习小组的事。我父亲也是在那个时候认识了我母亲，我母亲那时候还不是共产党员，他们两个差不多可以说是一见钟情，但是那时我母亲在思想上是非暴力和平主义，跟我父亲谈恋爱期间，也逐渐地接受了共产主义的思想。后来我父亲还有意安排了一次旅行，他和母亲、二姨几人去参观泸定桥。在泸定桥，我母亲接受了我父亲的求婚。

他们两个决定结为终身伴侣后，就开始准备留在中国。我父亲一直想带着我母亲去延安，可是1941年希特勒入侵苏联以后，共产国际号召盟国的共产党员回到自己的国家，参军加入反法西斯斗争，所以他们俩就回到了英国。到英国以后，二人在战火中的伦敦结婚了。我母亲做了两件事，一个是加入英国共产党；还有一个就是参军，因为她还是加拿大国籍，所以她参加的是加拿大妇女军团，在欧洲服兵役。但是我父亲加入的是英国皇家空军，并被派到了远东，所以他们两个人结婚不久就暂时分开了，一直到1945年。

回到中国考察土地改革

1945年，第二次世界大战结束以后，我父母还想回到中国，继续完成未完成的事业。斯诺写的《西行漫记》中，介绍了中国共产党一些领导人的事迹和红军、八路军的英雄事迹，这些事迹都是打天下的事。打天下还包括改善老百姓的生活，因为我母亲学的是人类学，她一直非常关心农村的发展，我父亲作为记者对此也十分关注，他们就觉得要再写一本书接续《西行漫记》，主要写基层老百姓的生活情况。所以他俩就决定回到中国的解放区。当时，英国共产党帮他们给中国共产党开了一封介绍信，信中说我父母想要重点调查中国农村的发展情况。

1947 年下半年，我父母回到中国，中国共产党派干部接他们来到了解放区，当时《中国土地法大纲》不久就要付诸实施了，接下来的工作就是要搞"土改"了，计划要在十里店村（现属河北省邯郸武安石洞乡）搞一个试点，所以我父母就到了十里店村。我父亲当时用镜头记录了很多进行"土改"时的场景，例如土地改革时分东西、开群众大会、土改工作队做宣传的照片。当时他们用了几个月的时间，把整个过程记录了下来。那个时候，我父母对"土改"的评价就是土地改革对中国共产党能够领导人民建立一个新中国有很重要的作用，因为中国是个农业大国，有几亿农民，中国共产党能够胜利的关键就是赢得了最广大农民的支持。我父母那时候就经常说要是没有土地改革，农民们怎么会把他们的儿女都积极地送上前线参军打仗。

1948 年，柯鲁克夫妇在晋冀鲁豫解放区考察。

我父母决定把在中国考察土改的情况和中国共产党发展农村的一些政策写成书，目的就是要宣传中国共产党的成功经验，因为世界上有好多国家都是农业大国，比方说印度，这些农业大国就可以参考着中国共产党的做法来发展本国。后来他们也出了几本书，讲的就是发生在十里店的革命和土地改革。当时我母亲也配合这个调查，完成了她在伦敦经济学院的博士论文。

选择留在中国投身教育事业

我母亲在完成博士论文后，我父母就准备离开中国回到英国提交论文，那个时候，华北地区解放的第一个大城市是石家庄，他们就去了石家庄。在他们都打包好行李，准备要走的时候，受到了叶剑英、王炳南等一些中央外事负责人的邀请，并对他们说：伟大的转折到来了，胜利在望，新中国成立以后需要培养很多外事干部，但现在外事、外语这方面的人才还远远不够，我们准备要成立一个中央外事学校，你们是不是能留下来教英语？

我父母当时听完后，进行了一番思想斗争。他们来中国之前，英国共产党跟他们讲过，到中国以后要积极配合中国共产党的工作，所以他们回英国提交论文的事也就搁置了，最终我母亲也没拿到伦敦经济学院的博士学位，后来倒是拿到了一个加拿大大学的博士学位。他们原本想的是在中国教一两年书就回去的，但后来一直留在了中国。

1948 年 6 月，中央外事学校成立，校址在冀中获鹿县（今属石家庄）南海山村，我父母就在这里任教，参与创办中央外事学校，为即将建立的新中国培养外语人才。同年 12 月 15 日，中央外事学校的师生奉命从南海山迁至北平。到北平后，先在良乡开始复课，之后进入城内，学校就改称为外国语学校。后来，学校开始扩大招生了，1949 年那一届就从原来的几十个人一下子扩招到几百人了。之后，学校又从城里搬到颐和园旁的一个大院里。1954 年，外国语学校又改名北京外国语学院。后来，学校又搬到了苏州街校园，这是周总理批下的一块地，然后在新校址新盖了教学楼和校舍，成立了永久的校园。1994 年，学校更名为现在的北京外国语大学。我们北外人对周总理是很有感情的，我们家里总是要挂着周总理的画像。

1949 年开国大典时的外国语学校校门。

见证北平入城式和开国大典

　　北平和平解放时，我父亲已经跟随中央外事学校从石家庄南海山来到北平。我母亲因为当时怀孕了，组织照顾她让她先留在石家庄休息。学校在良乡复课后，才乘坐军用卡车，前往北平。她到北平的那天正好赶上了人民解放军北平入城式。母亲在崇文门下车的时候，恰好看见了马海德医生，在南海山的时候，马海德医生每周也去讲课，他和我父母是好朋友。马海德医生就对我母亲说，马上要有个人民解放军入城的仪式，咱们到前门楼上看阅兵去。于是，在那一天，母亲登上前门箭楼，目睹了解放军入城仪式。入城式大概进行了六个小时，在城门楼上阅兵的主要是叶剑英、聂荣臻几位领导人。母亲那个时候基本上每周都要写信给在加拿大的姥姥、姥爷，现在还留有一些书信，其中有一封就详细记载了她参观人民解放军北平入城式的回忆，信中对入城式的很多细节都有记录。入城式上有骑兵、坦克、装甲车，场面特别壮观。群众跟解放军战士亲切握手，往车身上贴标语，车上贴不完的标语就贴在战士身上。夹道欢迎的群众非常热情，有人送水有人送干粮，有人把煮好的鸡蛋往解放军战士怀里塞。我母亲带着肚子里的哥哥一起见证了这激动人心的盛大入城式。我母亲当时还买了一幅宣传画，画上就是大前门和入城的人民解放军部队。

1949年2月3日，中国人民解放军举行盛大的北平入城式，当时，伊莎白在前门箭楼上观看入城式。

1949年10月1日的开国大典，我父母也有幸到检阅台上观看。当时有个很有趣的细节，我哥哥是1949年8月4日出生的，所以开国大典的时候，他还不到两个月大，被保姆带着在家。开国大典持续了好几个小时，我母亲时不时还得从检阅部队当中钻空穿过东长安街，到中央外事学校临时驻所去给我哥喂奶，喂完奶再回来继续观看。

参与中国革命是他们一生中特别骄傲的事

我母亲说她认为中国共产党能够取得胜利的一个原因就是积累了好多经验，不像有的革命就是突然一件事只是搞个一两年，当然有的也很成功，像古巴虽然没有像中国共产党有 28 年的革命经验，但是他们的革命还是比较成功的。中国毕竟不一样，中国是个大国，要想让世界五分之一的人口得解放的话，必须得有一个很英明的领导班子，而且还得有丰富的实践经验，没有经验积累恐怕也是不能成功的。

我父母都特别关心社会发展，他们原来都没有想过教书，一个是想当记者，一个是想当人类学家，但是当记者和人类学家都关心的是人民的生活。我父亲做记者时写的文章也都是关于人类发展的重大问题。中国革命可以说是 20 世纪人类社会发展变革的最重大的事情之一，我父母总说他们有幸能够参与中国革命，为中国的革命做一些工作，这是他们特别骄傲的事情，所以他们一直都没有离开中国。

这些成功经验，还得要大家继续学习，人们都要学习这些光辉历史，一代一代传承下去，继续革命。

（整理人：尤曼卿）

参考文献

一、文献类

1. 中共中央文献研究室编:《毛泽东年谱》(1893—1949),中央文献出版社 2013 年版。

2. 中共中央文献研究室编:《朱德年谱》(1886—1976),中央文献出版社 2016 年版。

3. 中共中央文献研究室编:《刘少奇年谱》(1898—1969),中央文献出版社 1996 年版。

4. 中共中央文献研究室编:《周恩来年谱》(1898—1949)修订本,中央文献出版社 1998 年版。

5. 中共中央文献研究室编:《任弼时年谱》(1904—1950),中央文献出版社 2004 年版。

6. 中央档案馆编:《中共中央文件选集》(1948—1949),中共中央党校出版社 1987 年版。

7. 中央文献研究室、中央档案馆编:《建党以来重要文献选编》第二十六册,中央文献出版社 2011 年版。

8.《董必武选集》,人民出版社 1985 年版。

9. 杨建新等编:《五星红旗从这里升起》,文史资料出版社 1984 年版。

二、专著类

1. 中共中央文献研究室编:《毛泽东传》,中央文献出版社 2003 年版。

2. 中共中央文献研究室编:《刘少奇传》,中央文献出版社 1998 年版。

3. 中共中央文献研究室编:《任弼时传》,中央文献出版社 1998 年版。

4. 本书编写组:《林伯渠传》,红旗出版社 1986 年版。

5. 香山革命纪念馆编:《为新中国奠基 为新时代铸魂——首届香山革命精神与历史文化理论研讨会论文集》,北京出版集团、北京出版社 2021

年版。

6. 香山革命纪念馆编:《百年征程中的香山华章——香山革命纪念馆文物文献故事选编》,中共党史出版社 2022 年版。

7. 中央档案馆、国家档案局编:《共和国脚步》1949 年档案,中国档案出版社 2012 年版。

8. 军事科学院编:《中国人民解放军战史》,军事科学出版社 1987 年版。

9. 本书编写组编:《中国人民解放军军史》,军事科学出版社 2010 年版。

10. 李勇、张仲田编著:《统一战线大事记》,群言出版社 2014 年版。

11. 朱企泰等编:《统一战线大事记》,中共党史出版社 1991 年版。

12. 本书编委会编:《第二野战军战史》,解放军出版社 2017 年版。

13. 中共北京市海淀区委党史研究室编:《中共中央在香山》,中央文献出版社 2003 年版。

14. 江苏省档案馆、安徽省档案馆编:《渡江战役》,档案出版社 1989 年版。

15. 许传文编著:《刘伯承元帅画传》,四川出版集团、四川人民出版社 2007 年版。

16. 中共南京市委党史工作办公室编:《刘伯承在南京》,中央文献出版社 2012 年版。

17. 本书编写组编:《刘伯承传》,当代中国出版社 2007 年版。

18. 杨万青、齐春元著:《刘亚楼将军传》,中共党史出版社 1995 年版。

19. 周燕、东宁编:《从大渡河勇士到导弹司令:开国中将孙继先》,九州出版社 2017 年版。

20. 李建力、卢艳华著:《传奇将军胡奇才》,解放军文艺出版社 2004 年版。

21. 陈福荣著:《南泥湾精神》,人民日报出版社 2021 年版。

22. 郭翠朵、康彦新主编:《难忘平山团》,河北人民出版社 2009 年版。

23. 程雪莉著:《寻找平山团》,花山文艺出版社 2015 年版。

24. 本书编辑组编:《冯文彬纪念文集》,中共党史出版社 2001 年版。

25. 李济深著,文明国编:《李济深自述》,安徽文艺出版社 2013 年版。

26. 中国国民党革命委员会中央委员会宣传部编:《李济深画传》,中央文献出版社 2005 年版。

27. 谢增寿编著:《张澜年谱》,群言出版社 2013 年版。

28. 黄炎培著,中国社会科学院近代史研究所整理:《黄炎培日记 第 10 卷》(1947.9—1949.12),华文出版社 2008 年版。

29. 黄炎培著:《延安归来》,国家行政管理出版社 2021 年版。

30. 黄炎培:《八十年来》,中国文史出版社 1987 年版。

31. 沈钧儒纪念馆编:《君子至爱——沈钧儒家书》,群言出版社 2012 年版。

32. 周勇、潘洵编:《国共合作重庆谈判图史》,重庆出版社 2012 年版。

33. 中共重庆市委党史研究室、重庆市政协文史资料委员会、红岩革命纪念馆编:《重庆谈判纪实》,重庆出版社 2016 年版。

34. 重庆市政协文史资料委员会、中共重庆市委党校编:《政治协商会议纪实》,重庆出版社 2016 年版。

35. 中共北京市委宣传部、中共北京市委党史研究室编写,曹英著:《新中国在这里诞生》,北京出版社 2020 年版。

36. 新政治协商会议筹备会秘书处编:《中共中央一九四八年五一口号发布以后各民主党派团体与民主人士响应召开新政治协商会议的文件》,新政治协商会议筹备会秘书处 1949 年版。

37. 中国人民政治协商会议黑龙江省哈尔滨市道里区委员会编:《从马迭尔到怀仁堂 中国人民政治协商会议诞生始末》,中国人民政治协商会议黑龙江省哈尔滨市道里区委员会 2014 年版。

38. 张永林、周令飞主编:《历史的"暗室":周海婴早期摄影集 1946—1956》,广西师范大学出版社 2011 年版。

39. 陈利民编:《程潜大传》,团结出版社 2005 年版。

40. 程潜编:《养复园诗集新编》,岳麓书社出版社 2012 年版。

41. 中国致公党中央委员会编:《司徒美堂》,中国致公出版社 2003 年版。

42. 全国政协文史和学习委员会编:《回忆司徒美堂》,中国文史出版社 2015 年版。

43. 高东辉编:《司徒美堂集》,贵州人民出版社 2020 年版。

44. 赛福鼎著:《赛福鼎回忆录》,华夏出版社 1993 年版。

45. 王震宇主编:《在毛泽东身边——106 位毛泽东亲属和身边工作人员的回忆》,人民出版社 2009 年版。

46. 钟桂松著:《侯波与徐肖冰:瞬间与永恒》,大象出版社 2007 年版。

47. 徐肖冰口述,刘明银整理:《带翅膀的摄影机:侯波 徐肖冰口述回忆录》,北京大学出版社 1999 年版。

48. 曾庆龙著:《亲历新中国 100 年——周令钊传》,中国青年出版社 2019 年版。

三、报刊类

1. 香山革命纪念馆:《为新中国奠基 为新时代铸魂〈为新中国奠基——中共中央在香山〉基本陈列展览》,《中国文物报》2020 年 5 月 15 日。

2. 香山革命纪念馆:《"'嘀嗒、嘀嗒'就是党中央和毛主席的声音"》,《北京日报·理论周刊》2020 年 12 月 21 日。

3. 香山革命纪念馆:《香山如磐 红色永续——中共中央香山时期的革命实践及其精神传承》,《前线》2021 年第 5 期。

4. 香山革命纪念馆:《奠基新中国 薪火永相传——到香山革命纪念馆品读生动的党史教科书》,《文化月刊》2022 年 1 月 1 日。

5. 香山革命纪念馆:《"百川归海 人民至上——香山时期中国共产党领导的协商建国实践专题展览"札记》,《中国文物报》2022 年 1 月 25 日。

6. 香山革命纪念馆:《协商民主:香山时期的擘画》,《北京日报·理论周刊》2022 年 3 月 7 日。

    7. 周勇军:《林伯渠:从同盟会员到共和国开国大典主持人》,《理论导报》2011 年第 10 期。

    8.《长征,永远在路上——孙东宁专访》,《中国研究生》2019 年第 9 期。

    9. 陈广相:《千舟扬帆战东海——人民解放军解放舟山群岛纪实》,《党史天地》1994 年第 12 期。

    10. 戴一峰:《宁波解放纪实》,《浙江档案》2009 年第 3 期。

    11. 王文达:《宁波解放纪实》,《中共宁波市委党校学报》1999 年第 2 期。

    12. 牛光昇:《策动吴化文将军起义经过》,《党史文汇》1999 年第 7 期。

    13. 秦言:《济南起义中的吴化文将军(下)》,《国家安全通讯》1999 年第 6 期。

    14. 尤乙:《最后的抉择——国民党济南守将吴化文临阵举义纪实(下)》,《档案春秋》2007 年第 9 期。

    15. 马荣升:《林彪点名守卫塔山的虎将胡奇才》,《党史博采(上)》2019 年第 10 期。

    16. 罗海曦:《父亲罗章的抗战和他的"平山团"》,《党史文苑》2018 年第 1 期。

    17. 闻立树、王连夫编:《郭沫若〈甲申三百年祭〉发表前后》,《新文化史料》1994 年第 4 期。

    18. 孙有光:《忆北平解放后的第一个"七一"纪念大会》,《百年潮》2001 年第 6 期。

    19. 孙有光:《新中国第一代便衣警卫亲历记》,《百年潮》2006 年第 8 期。

    20. 孙有光:《忆毛主席看望柳亚子并游赏颐和园》,《百年潮》2004 年第 5 期。

    21. 叶燕:《父亲叶子龙在毛泽东身边工作二十七年》,《湘潮》2016 年第 12 期。

22. 平凡:《叶子龙:在毛泽东身边 27 年（上）》,《党史博采（纪实）》2011 年第 9 期。

23. 并艳芳:《"八一"军旗、军辉的设计始末》,《党员干部之友》2019 年第 8 期。

24. 谢武申:《"八一"军旗、军徽诞生记》,《军事历史》1997 年第 4 期。

后 记

为深入学习宣传贯彻党的二十大精神和习近平总书记在视察香山革命纪念地时的重要讲话精神，巩固和拓展党史学习教育成果，全面回顾总结香山时期中国共产党领导中国革命取得胜利和创建新中国的光辉历程和宝贵经验，缅怀老一辈无产阶级革命家的丰功伟绩，我馆精心组织编写本书，作为深化香山革命历史研究的珍贵资料和重要成果。

口述史具有人事记载的"平民化"、史事记载的"细节化"等特点，可以通过生动的故事、易于理解的语言展现重大事件、历史人物和具体场景，促进红色文化的传播，对于纪念馆的展示展览和研究宣传等工作意义重大。香山革命历史口述史研究具有多方面的作用，有助于凝炼"赶考"精神内涵，充实香山革命历史的史料，更加全面深入地去了解重大事件、重要历史节点、重要历史人物；有助于拓宽香山革命历史的研究视野，将"自上而下地看历史"与"自下而上地看历史"相结合；有助于增加香山革命历史的生动性，在展示历史的多样性和复杂性中使历史的本来面目更加清晰、立体；同时，也让更多历史知情者发声，抢救性保存更多历史和文化记忆。

在我馆开展口述史采集过程中，历史知情者生动讲述了他们熟知或亲历的历史事件，带我们重回过往的岁月和年代。毛泽东得知人民解放军攻占南京总统府，心中无比激动喜悦，挥毫写下壮丽诗篇《七律·人民解放军占领南京》，以诗篇鼓舞渡江作战部队对国民党残余部队展开战略追击，直至全歼敌军，夺取中国革命的最终胜利……我们震撼于老一辈革命家"宜将剩勇追穷寇，不可沽名学霸王"的革命到底精神；周恩来始终严格要求亲友，指出"我们共产党人，不能跟国民党一样靠裙带关系，把自己周围人的职位都提起来，更不能像封建社会那样，把自己的三亲六姑都弄成高官厚禄"……我们感动于老一辈革命家坚持立党为公、执政为民的革命情怀；朱德在答复恩师张澜先生对于共产党执政以后如何应对可能出现的腐化问题时，毕恭毕敬地回答："老师爱护我党真是发自肺腑，老师可以放心，我们有办法，我们要紧紧依靠人民群众，不断发扬民主，以保证我们党少犯错误或者不犯错误"……我们钦佩于老一辈革命家谦虚谨慎、不骄不躁、艰苦奋斗的优良作风。知情者的一篇篇口述历史，让我们进一步深刻领会了坚持真理、坚守理想，践行初心、担当使命，不怕牺牲、英勇奋斗，对党忠诚、不负人民的伟大建党精神！

我们在查阅大量权威著作和历史史料的基础上，对口述内容进行有效整理并编辑出版。本书分为四个篇章，每篇章的编排以人物特点为序，既包括毛泽东、周恩来、刘少奇、朱德、任弼时等中共中央领导人，参与擘画新中国伟大蓝图的民主人士，指挥解放战争的人民解放军将领，也包括在平凡岗位上见证历史的便衣警察、摄影师、设计师等，共28篇，涵盖范围广泛，内容翔实，史实准确，力争做到政治性、思想性、学术性、故事性相统一。

在编辑出版过程中，市委宣传部对本书的立项和出版给予了大力支持和指导。北京出版集团党委书记、董事长张爱军对本书编写工作提出了宝贵意见和建议。中共中央党史和文献研究院二级巡视员李树泉、中国政协文史馆三级职员李红梅、首都博物馆副馆长徐中煜、中共北京市委宣传部综合事务中心副主任郭丽等四位专家对全书的编排给予了细致指导。香山革命纪念馆馆长容晶策划了图书编写工作。香山革命纪念馆副馆长都斌承担了全书的统筹、审稿工作。编辑研究部杜意娜、石碧兰、王园、陈宇蛟、尤曼卿、温晓丽、陈东阳、余晓枫、李颜旭，文物征集研究部桂星星、董良、刘延岩、孙瑾溪、王梦妮，办公室温姗姗，信息资料部王立欣等同志共同参与了本书的撰写工作。同时，中国国家博物馆、东北烈士纪念馆、任弼时纪念馆、黄炎培故居纪念馆、开平市博物馆等纪念馆同仁及历史亲历者、知情者为本书的编写提供了珍贵的文物照片及历史照片。

　　"赶考"永远在路上。本书的出版是对我馆四年来口述史采集研究工作的一次阶段性小结，以此为契机，我们将持续丰富拓展口述史研究，让更多历史亲历者、知情者发声，不断提升香山革命历史研究的厚度、展陈的温度和传播的广度。由于水平有限，书中难免还存在一些不足乃至错漏，敬请广大专家学者和读者批评指正。

编者

2024 年 3 月